Peintres des côtes du Pas-de-Calais

de Turner à Dubuffet

Il a été tiré de cet ouvrage
cent exemplaires numérotés de I à C
qui constituent le tirage de tête,
et mille neuf cents exemplaires numérotés de 101 à 1900,
qui constituent l'édition originale.

Exemplaire n° 836

Edité par les Amis du Musée de la Marine d'Etaples-sur-Mer,
association régie par la loi de 1901.
Quai de la Canche, 62630 Etaples.

I.S.B.N. n° 2-904959-07-6 toilés.

Achevé d'imprimer : décembre 1987. Imprimerie Mordacq, 62120 Aire-sur-la-Lys.

Jean-Claude LESAGE

Peintres des Côtes du Pas-de-Calais

de Turner à Dubuffet

Préface de Bruno FOUCART
Professeur d'Histoire de l'Art Contemporain à la Sorbonne.

A.M.M.E.
Editions

Le présent ouvrage a été édité par les Amis du Musée de la Marine d'Etaples-sur-Mer.

Nous tenons à remercier :

M. Jean-Pierre Lamour, maire d'Etaples, et la Municipalité d'Etaples qui ont soutenu notre projet et grâce auxquels la présente publication a pu voir le jour.

Le Conseil Régional de la Région Nord/Pas-de-Calais qui a prêté son concours à l'édition de l'ouvrage.

Le Conseil Général du Pas-de-Calais.

M. Georges Bouchart, secrétaire des Amis du Musée de la Marine d'Etaples, pour son aide constante et efficace à la réalisation de l'édition.

Les amis du Musée de la Marine d'Etaples.

M. Fernand Holuigue qui nous avait ouvert généreusement ses archives ; sa brutale disparition a laissé un grand vide chez tous ceux qui appréciaient sa franchise et sa compétence.

Claudine Lesage.

Mmes et MM. les conservateurs :
Amiens, musée de Picardie.
Arras, musée des Beaux-Arts.
Berck, musée municipal.
Bormes-les-Mimosas, musée municipal.
Boulogne-sur-Mer, musée municipal.
Calais, musée des Beaux-Arts et de la Dentelle.
Douai, musée de la Chartreuse.
Doullens, musée Lombart.
Dunkerque, musée des Beaux-Arts.
Hazebrouck, musée municipal.
Le Touquet, musée municipal.
Lille, musée des Beaux-Arts.
Paris, musée du Louvre, Cabinet des Dessins, Service de documentation des peintures.
Saint-Omer, musée Sandelin.
Virginia, Virginia Museum of Fine Arts, U.S.A.

Ainsi que : Ammell's Gallery, Stockholm, Suède. Mme Annette Bourrut-Lacouture, M. Chigot, M. Jacques Colle, Mme Virginia Couse-Leavitt, M. et Mme Demont-Wengel, Mme André Guyot-Laligant, M. Allan Mc Culloch, Mme Meurisse, M. Robert Schmit, M. et Mme Sagot-Ball, M. Le Sidaner.

Et toutes les personnes qui ont désiré garder l'anonymat.

La vertu picturale des côtes du Pas-de-Calais

Voici une version moderne des « voyages pittoresques », pour reprendre le titre des célèbres volumes de Taylor et Nodier, version où les peintres qui transcrivent tiennent autant de place que les lieux inspirateurs. Nous vivons en effet au temps des musées et Jean-Claude Lesage nous promène sur les côtes du Pas-de-Calais parmi les artistes qui y ont vécu et ont planté dans le sable des dunes leur chevalet. Grâce à lui ces rivages se révèlent une des terres élues de la peinture, comme les bords de la Seine où les calanques de la Méditerranée. La géographie des sites choisis par les peintres, la chronologie des parcours est essentielle à l'histoire du paysage, et ce livre en constitue un des chapitres, aussi neuf que tonique.

Certes, Etaples, Boulogne ne sont pas devenus légendaires comme Barbizon ou Pont-Aven, n'ont pas, à tout le moins, prêté leur nom à un de ces mouvements qui définissent un moment de la peinture. Il ne s'agit pas ici, forçant inutilement les choses, d'imposer une « école » de Berck, d'Etaples. Jean-Claude Lesage est trop bon et avisé historien pour inventer l'inutile. L'important est que certains lieux aient été particulièrement visités, que des artistes aient aimé à tel moment y séjourner, constituant ainsi de véritables colonies, des groupes, heureux d'être là, heureux d'être ensemble, heureux d'y peindre. Et c'est ainsi que Boulogne, Berck, Etaples, Wissant sont bien des lieux inspirés et appartiennent à l'histoire de la création picturale.

Il fallait certes que ces côtes aient des vertus particulières. Au début du XIXe siècle, Wissant pouvait sembler un bout du monde et la découverte des mœurs boulonnaises aussi extraordinaires que celles de l'Armorique. Mais plus que des curiosités ethnographiques, plus que des paysages aux vertus de carte postale, la raison du charme qui arrête tant d'artistes semble bien être dans une qualité de l'air, dans une sorte de tonicité physique et morale qui restaure les raisons de peindre. Quand Le Sidaner évoque la première et inoubliable impression de son arrivée à Etaples, il parle d'une « sensation de vie saine et vierge ». Le fameux *Sur la plage* de Manet est comme l'allégorie réelle de ces forces élémentaires qui vivifient les êtres... et la peinture. Dubuffet et son *Hourloupe* retrouvent dans un autre ordre cette excitation qui fut celle de Manet, comme si la vertu pittoresque de ces lieux était d'abord celle d'une libération d'énergie.

Jean-Claude Lesage a su nous restituer la complexité, les mouvements de ces groupes de peintres, de ces constellations où passent comme des comètes les plus grands, où brillent de plus modestes feux. Turner, Corot, Manet, Derain, Dubuffet sont comme les dieux qui sacrent les vertus d'un paysage. Mais il faut pour constituer un Olympe de moindres héros. Ce sont les Eugène Chigot, les Adrien Breton, les Georges Maroniez, les époux Duhem qui font le terreau pictural de ces lieux. Il y a ceux qui passent et ceux qui restent. Eugène Bénard s'installe à Boulogne quand Auguste Delacroix (qui n'est pas Eugène mais qui est parfaitement estimable) court le monde. Ces côtes ont par nature vocation internationale et il était normal que ce soit les Anglais qui les révèlent à la peinture. Mais, échange de bons procédés, Louis Francia de Calais est le maître de Bonington. A la fin du siècle la présence d'un américain comme Irving Couse, d'un norvégien comme Thaulow est significative de cet internationalisme qui est la vie même de l'art. Sur les côtes du Pas-de-Calais la peinture ne saurait être enclavée.

Ces lieux vécurent deux grands moments : au début du siècle, l'invention du paysage vécu, le souffle aquarellé du romantisme du Nord, et dans les années 1880-1900, dans le déferlement de la grande vague de la peinture claire sinon impressionniste, le goût d'un art plus intériorisé, plus calme, aussi attentif aux êtres qu'à la surface des choses. Virginie Demont et Tattegrain s'expliquent ainsi. Jean-Charles Cazin qui tranpose dans les dunes d'Equihen ses grandes scènes bibliques est peut-être bien le peintre qui exprime le mieux l'être pictural de ces côtes du Pas-de-Calais, telles que Jean-Claude Lesage nous en a dressé le mouvant portrait.

Bruno FOUCART.

A Pierre et Madeleine,
mes parents.

Avant-propos

Embrasser deux siècles de l'histoire de la peinture en Pas-de-Calais n'est pas chose aisée. Les mouvements artistiques ont été nombreux, divers et déroutants, qui vont du romantisme à l'art brut.

Dans l'espace modeste d'un livre, des choix se sont révélés nécessaires, tenant compte des contraintes matérielles, mais également du nombre d'œuvres dignes d'intérêt, signe d'une bonne vitalité artistique. Il fallait encore sortir de l'ombre des artistes méconnus et les mesurer aux valeurs établies ; beaucoup, à travers cette épreuve, sont confirmés dans leur talent.

Enfin, si la mer est souvent présente en toile de fond, nous ne nous sommes pas limités aux seuls paysages marins ; nous ne pouvions ignorer les scènes de genre, les natures mortes et les portraits qui furent peints sur le littoral. Nous pensons ainsi avoir rendu compte d'une réalité complexe et souhaitons partager le réel plaisir de voir.

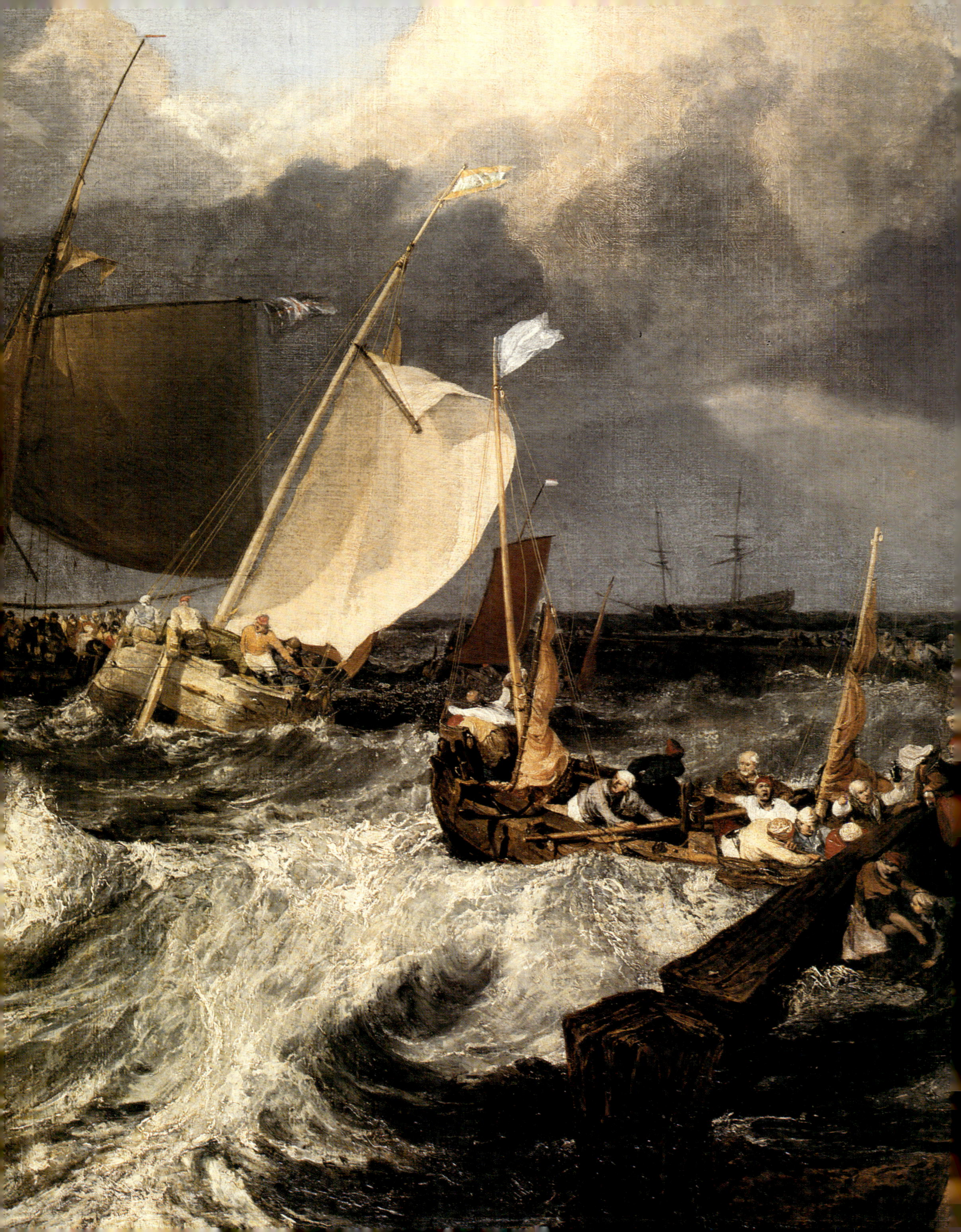

La vague anglaise

William Turner. *La jetée de Calais,* détail.

L'intérêt réel des peintres pour le littoral du Pas-de-Calais est né avec le XIXe siècle ; certes, la seconde moitié du XVIIIe siècle avait vu de nombreux voyageurs anglais, dilettantes, amateurs d'art, artistes, entreprendre un périple européen qui les emmenait jusqu'en Italie par l'Allemagne et la Suisse. L'homme cultivé effectuait son « tour », expression anglaise d'où sont sortis à la même époque les mots tourisme et touriste. La première étape de ce « tour » était Calais, ville qui fut anglaise deux siècles durant et où les Britanniques se sont toujours sentis chez eux. Cependant, les artistes ne faisaient que transiter par Calais ; l'agitation de la période révolutionnaire ralentit un courant d'échanges qui cessa avec le blocus continental de 1807 à 1815 ; il faut attendre la Restauration pour voir les artistes séjourner sur les lieux et peindre les côtes. A côté de celui de Turner, les noms de Francia, Bonington et Wyld sont ceux d'artistes qui ont laissé de leur passage dans le Pas-de-Calais, des œuvres au caractère romantique très prononcé.

TURNER

Joseph Mallord William Turner fit son premier voyage en France à 27 ans, en 1802, lors de la brève période de la Paix d'Amiens et son dernier passage connu sur le continent date de 1845 ; les lieux précisés sur les dessins évoquent bien sûr Calais, Wimereux, Ambleteuze (sic) et Boulogne. Trois tableaux marquent d'une manière plus aboutie que de simples croquis le séjour de l'artiste : *La jetée de Calais avec des poissards se préparant à prendre la mer,* daté de 1803 ; *Pas-de-Calais, passengers going on board,* 1827 et *La plage de Calais à marée basse, des poissardes récoltant des appâts,* 1830.

La jetée de Calais par son aspect général s'inscrit dans le genre des marines hollandaises du XVIIe siècle dont les représentants les plus notoires sont Backhuysen et Jacob Van Ruisdael. On a dit que Turner faisait état dans son tableau de l'expérience d'un débarquement périlleux par gros temps ; on a peu de peine à le croire tant les embarcations ont fort à faire pour lutter contre les lames aux crêtes argentées ; l'artiste s'est plu à noter les attitudes des marins à travers

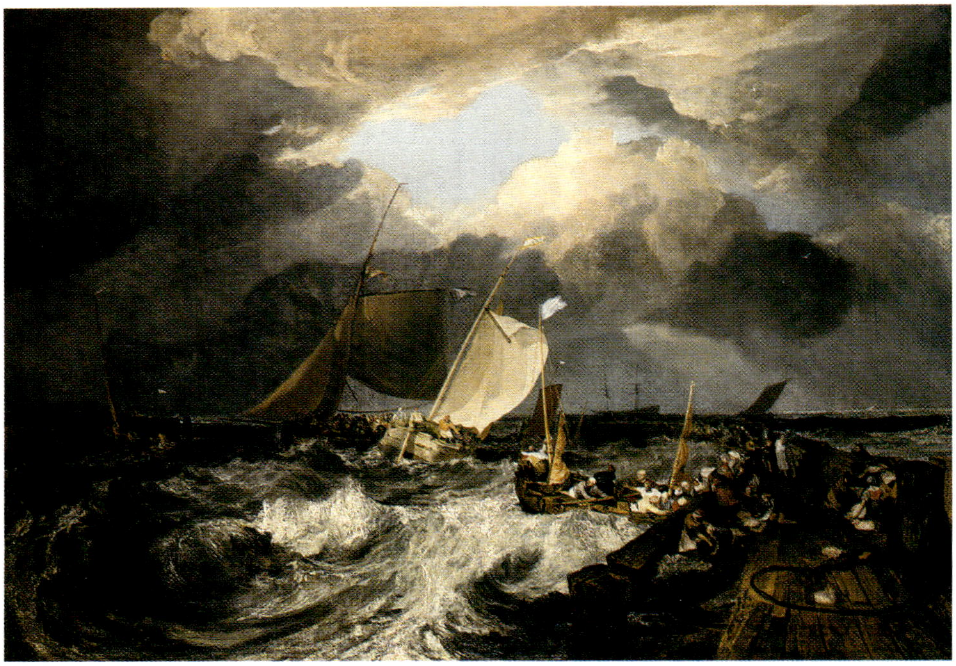

William Turner.
La jetée de Calais avec des poissards se préparant à prendre la mer. 1803.

force détails pris sur le vif. Le schéma simplifié de la composition révèle la dramatisation voulue : mouvement des masses (nuages, mer) reliées par les obliques des mâts, ligne de fuite de la jetée à droite qui creuse l'espace. Tout cela aboutit à une tension à laquelle un artiste comme Eugène Isabey ne sera pas insensible. De même Gudin dans son *Coup de vent sur la rade d'Alger* (1) reprend une disposition semblable au tableau de Turner. Les *Brisants à la pointe de Granville* (2) de Paul Huet (1803-1869) ont un accent anglais indéniable. Replacé dans l'œuvre peint de Turner, le tableau appartient à la première manière de l'artiste dans laquelle il « fait à l'ombre la part plus large qu'à la lumière » (3).

Dans *Pas-de-Calais, passengers going on board* de 1827, l'animation, ou encore l'anecdote, semble passer au second plan. Turner est sollicité par un autre centre d'intérêt : les jeux de lumière sur les vagues, le ciel que l'on dirait directement issu des carnets d'étude de l'artiste, ciel dont la matière possède de l'aquarelle la légèreté et la transparence. Les bateaux sont là, accessoires indispensables, mais dans une présentation un peu naïve : voyez la barque du premier plan, évasée comme une péniche hollandaise. Avec les personnages, c'est un ensemble digne de certains ex-votos marins sans que ce rapprochement n'implique d'ailleurs une connotation péjorative.

La plage de Calais à marée basse (1830) fixe le spectacle, assez inattendu pour le voyageur, de femmes munies de pelles et fouillant le sable à la recherche d'appâts. Bonington avait, avant lui, noté une scène sensiblement identique dans un croquis, *Coast scene with figures.* Peut-être le tableau est-il un discret hommage à Bonington que Turner admirait, voire aussi, comme le suggère Evelyn Joll (4), « une tentative pour surpasser son jeune rival ». Dans le soleil couchant tel qu'on peut le voir souvent sur nos côtes, Turner use de « la couleur pour la couleur » ; un bleu très vif cotoie un jaune rougeoyant. Les miroitements du sable mouillé ne permettent plus de distinguer les limites de la grève et de la mer tant cette frontière déjà ténue est absorbée par la délicatesse de la touche et l'allègement de la matière picturale.

Chacun des trois tableaux marque à sa manière un moment dans l'art de Turner. Alors que *la jetée de Calais* est toute empreinte de mouvement, de couleur et traduit une vision romantique de la mer, *Pas-de-Calais, passengers going on board* révèle un artiste davantage attentif aux jeux de lumière, l'admirateur de Claude Lorrain. *La plage de Calais,* elle, préfigure les œuvres de la pleine maturité de Turner. C'est l'esprit d'abstraction des œuvres réalisées à Petworth entre les années 1829 et 1837 chez Lord Egremont. C'est aussi dans le coucher de soleil, le refus de la peinture tonale (5) qui fait de Turner une référence pour des peintres du XXᵉ siècle.

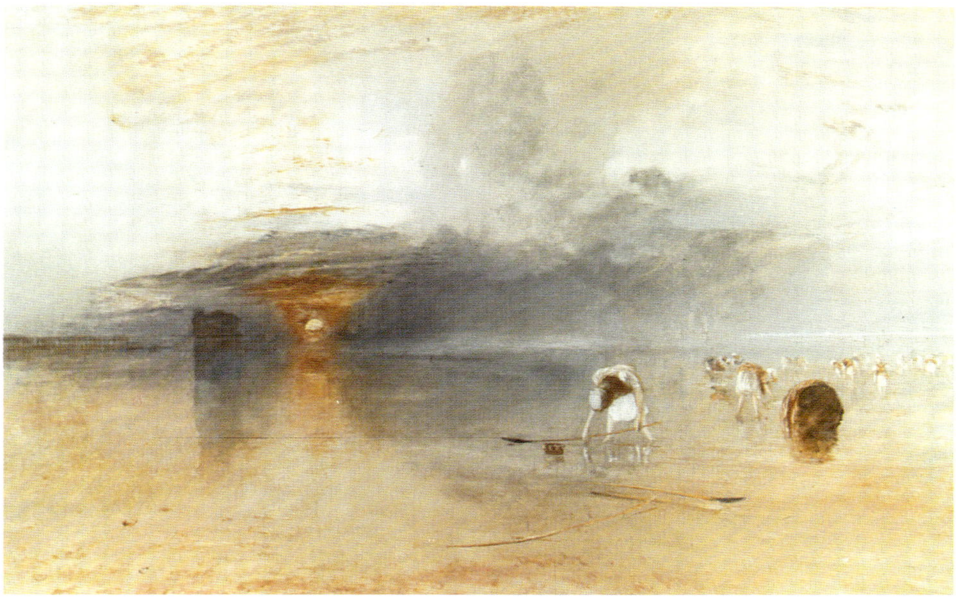

William Turner.
La plage de Calais à marée basse,
des poissardes récoltant les appâts. 1830.

BONINGTON

S'il est excessif de parler de génie avec Bonington, encore faut-il se rappeler que Turner lui-même n'a pas toujours été insensible aux « trouvailles » de son cadet.

Né en Angleterre, Richard Parkes Bonington (1802-1828) vient habiter Calais avec sa famille en 1816. Son père veut y créer une fabrique de tulle. Le jeune Richard passe dans l'atelier de Louis Francia au moment où ce dernier, après un long séjour Outre-Manche, vient terminer sa carrière artistique à Calais. C'est donc d'un artiste français, formé en Angleterre, que Bonington reçoit ses premières leçons véritables de dessin et d'aquarelle. Vers 1818, il est à Paris et passe ensuite dans l'atelier du peintre Gros où l'on pratique l'art de peindre selon les préceptes de David. Il a peu d'affinités avec le néo-classicisme et préfère copier les maîtres hollandais dans les galeries du Louvre, y faire la connaissance d'Eugène Delacroix et entreprendre des voyages qui le mènent en Normandie et dans le Nord durant les années 1821-1822.

Les pérégrinations de Bonington sont contemporaines des voyages de Turner sur le continent mais chez les deux artistes anglais, sensibilité et perception sont bien différentes.

Bonington se détache peu à peu de la vision « archéologique » des paysagistes anglais du XVIIIe siècle et il se plaît à traduire l'aspect pittoresque des lieux, des paysages, des marines et vues de villes. L'adjectif pittoresque est là pour rappeler la collaboration de Bonington aux *Voyages pittoresques et romantiques de l'ancienne France* du baron Taylor. Il n'y a pas chez l'élève de Francia les aspects visionnaires que l'on rencontre chez Turner ; sa sensibilité tempérée du goût de la mesure, de l'équilibre, explique sans doute le prodigieux succès de ses œuvres notamment en France et la présence de nombreux imitateurs. Quant aux dons de dessinateur, ils sont évidents au vu des dessins. Des qualités fréquentes chez les peintres voyageurs du XIXe siècle, mais ici celles d'un artiste exceptionnellement habile à retenir l'essentiel.

Côtes de Picardie (6) traite cette vue dans la manière de l'aquarelle avec très peu de matière qui laisse parfois transparaître la toile ; à quoi il faut ajouter le don

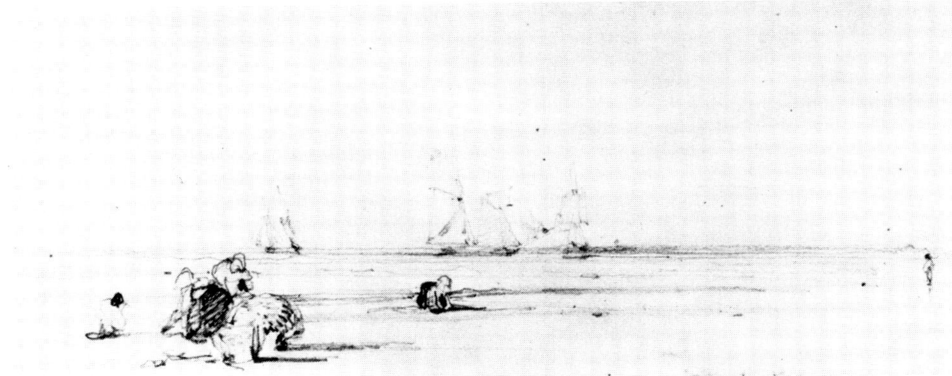

Richard Parkes Bonington.
Scène de plage avec personnages.

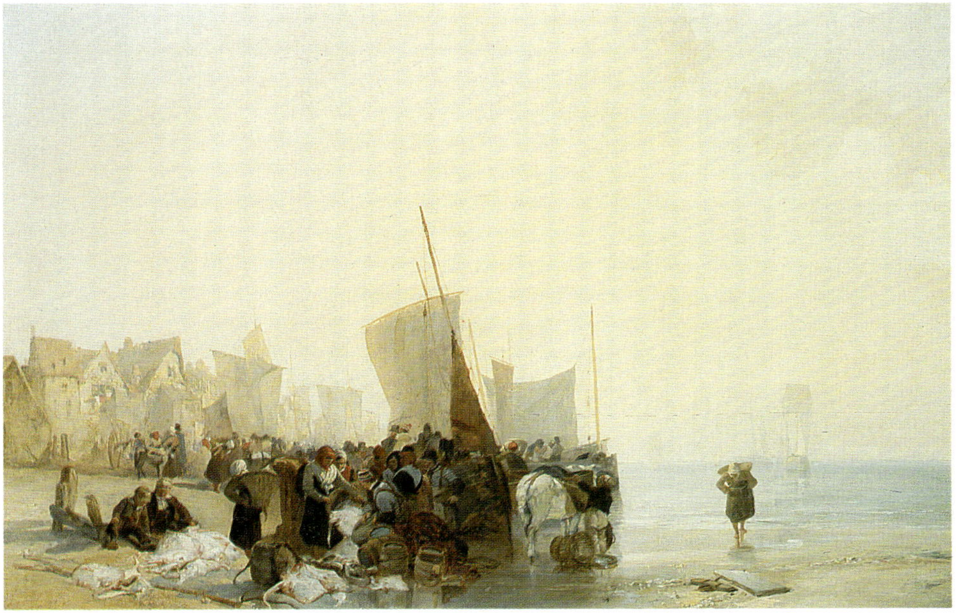

Richard Parkes Bonington.
Marché au poisson à Boulogne. c. 1823-1824.

qu'a Bonington de placer judicieusement l'animation : chevaux du premier plan à droite et groupe de pêcheurs derrière le bateau échoué à gauche. *La Vue de Calais prise de la rade* (7) est un délicat panorama de la ville dont les architectures s'estompent au loin dans la brume légère. Virtuosité et aisance dominent dans le *Marché au poisson à Boulogne* (8). Bonington s'est ici davantage intéressé aux gens de mer, pêcheurs et pêcheuses, dont il donne par le détail les attitudes et les occupations au premier plan ; l'espace, la profondeur sont suggérés par les habitations aux formes floues, diffuses, de l'arrière-plan.

Il ne semble pas que Bonington ait dessiné des lieux plus au sud de Boulogne vers Etaples ou Berck ; pour le Pas-de-Calais, ce sont les sites de Calais, Wimereux, Boulogne. Au-delà, c'est Abbeville dont il retient *l'Eglise St-Gilles* (9).

Bonington est de ces peintres qui renouvellent notre vision, la « rajeunissent ». Il décante un paysage, une vue, pour ne plus nous en laisser que la transparence, la fugacité d'une lumière. Un de ses biographes a noté avec justesse « qu'il reproduit dans leur grandiose simplicité les ciels, les eaux et les plages marines, les profondeurs et les délicatesses infinies de l'atmosphère qui nous séduisent tant sur nature » (10).

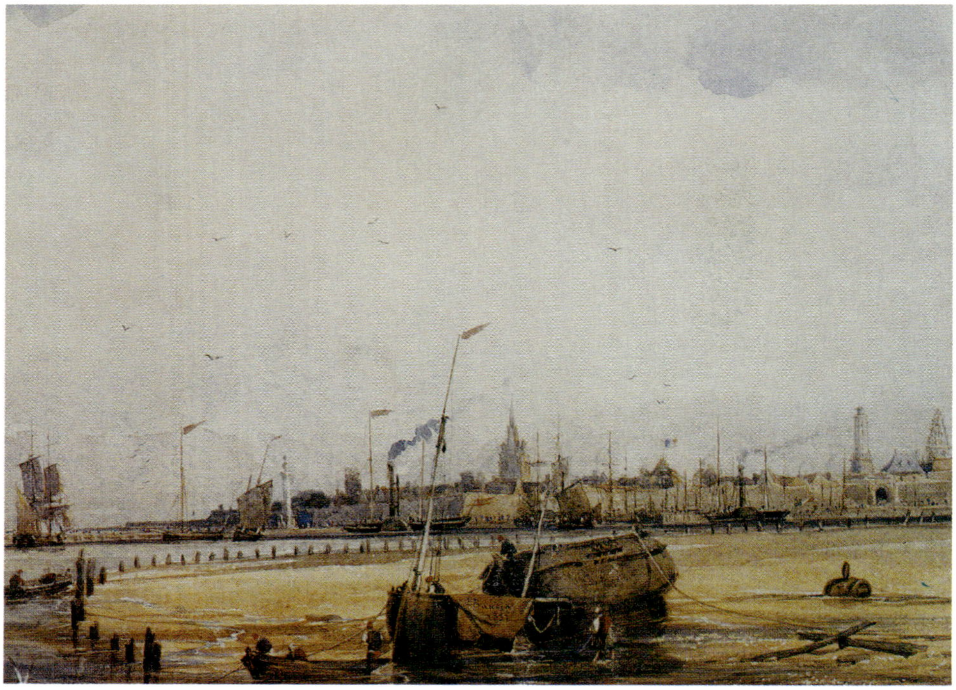

Louis Francia.
Vue de Calais avec le chenal.

FRANCIA

Né à Calais et fils du directeur de l'hôpital militaire, Louis Francia suivit son père lorsque celui-ci, fuyant la Révolution Française, gagna Londres en 1790. Il devait séjourner en Angleterre vingt-sept années, s'y marier, et faire partie du cercle des jeunes artistes qui trouvaient auprès du Dr Monro un mécène attentif. Il est de retour à Calais au printemps de 1817 avec un emploi de secrétaire au consulat britannique. Il fait la rencontre de Bonington alors qu'il travaille sur le motif en plein air et donne au jeune homme ses premiers enseignements artistiques. Même si l'élève a dépassé le maître, il faut reconnaître à Louis Francia des qualités pédagogiques indéniables puisqu'il sut éveiller et permettre que s'épanouissent les aptitudes de Bonington. Il est de la lignée de ces maîtres qui, comme Gustave Moreau à la fin du siècle, surent dans leur atelier faciliter l'éclosion des talents d'un Rouault ou d'un Matisse.

Louis Francia est aussi un artiste important car il fut le « go between » entre Angleterre et France dans le premier tiers du XIXe siècle, celui qui, dans son œuvre, diffusa l'art des grands aquarellistes Thomas Girtin et John Sell Cotman, transmettant la leçon anglaise à ses élèves parmi lesquels, outre Bonington, il faut citer : William Wyld, Jules Collignon et Louis Tesson.

Les œuvres de Louis Francia sur le Pas-de-Calais sont postérieures à son retour en France et concernent essentiellement Calais, Boulogne, Equihen, Montreuil-sur-Mer et St-Omer, Guînes, une « géographie » bien artésienne, à peine étendue de quelques voyages à Paris.

L'art de Louis Francia, s'il utilise très fréquemment l'aquarelle comme Bonington, est d'essence bien différente. Chez Francia, les éléments naturels ont moins de légèreté, de transparence, tout y est moins aérien. Non exempt de certains tics que d'autres pourront prendre pour une marque distinctive telle l'habituelle mouette aux ailes mouchetées de noir au premier plan de ses aquarelles ou la signature bien anglaise sur une bouée ou sur une épave. Le Calaisien me semble doucement annoncer l'école réaliste ; le caractère de l'homme l'y prédisposait aussi, un brin vélléitaire, misanthrope, caustique.

Francia est sans doute plus connu et apprécié Outre-Manche qu'il ne l'est chez nous. Il manque une grande exposition sur l'artiste comme celle que ses concitoyens organisèrent au lendemain de sa mort, rendant hommage à l'artiste, au premier conservateur de leur musée et au fondateur d'une société de sauvetage en mer. Curieux bonhomme que ce Francia en vérité qui ne laisse pas d'être attachant et dont le fils Alexandre (1813-1884) poursuivit une carrière dans l'influence de l'école de Barbizon.

On ne peut terminer ce bref panorama des artistes anglais qui ont travaillé en Pas-de-Calais sans mentionner le nom de William Wyld (1806-1889). Son travail s'inscrit dans la suite de Bonington (11) et ses premières œuvres se souviennent de son passage dans l'atelier de Francia vers 1827 ; il demeure cependant plus personnel dans ses œuvres liées à ses voyages en Italie et en Afrique du Nord. Enfin, le musée de Calais expose de William Cooke (1811-1880) *Calais from the sea* (12) une toile d'un réel intérêt tant pour l'aisance de l'exécution que pour le témoignage historique.

Les peintres anglais du début du XIXe siècle sont parmi les grands paysagistes à donner de la nature une vision nouvelle. Faut-il rappeler l'impact du Salon de 1824 qui vit l'arrivée en nombre des œuvres de Constable, Fielding et Bonington et qui fut une « révélation » à des artistes comme Eugène Isabey, Paul Huet et Eugène Delacroix ? Ces derniers font un voyage en Angleterre l'année suivante.

Le paysage perd peu à peu sa référence historique. Désormais, il existe pour lui-même pourrions-nous dire ; une page semble tournée, un changement radical s'opère, même si Jean-Charles Cazin tente un moment, à la fin du siècle, de renouveler le genre. Les artistes anglais dont certains ont travaillé sur nos côtes, ont une part déterminante dans cette mutation. Cela tient sans doute à plusieurs raisons. Pour Henri Focillon, joue un contexte géographique : « Dans cette île brillante de la jeunesse de ses verdures, aérée par des brises profondes, éclairée par un soleil océanique,... nul besoin d'idéaliser le paysage, de lui donner le ton héroïque » (13). Ce même rejet de la forme idéale, Kenneth Clark (14) en voit l'origine dans le courant des idées du XVIIIe siècle, dans celles des philosophies de David Hume et de Locke pour lesquels la sensation est la base de l'expérience, d'où l'intérêt pour la lumière et la couleur.

Ce n'est pas pur hasard si nous voyons, cinquante ans plus tard, les peintres impressionnistes fréquenter eux aussi les côtes de la Manche et faire le voyage de l'Angleterre.

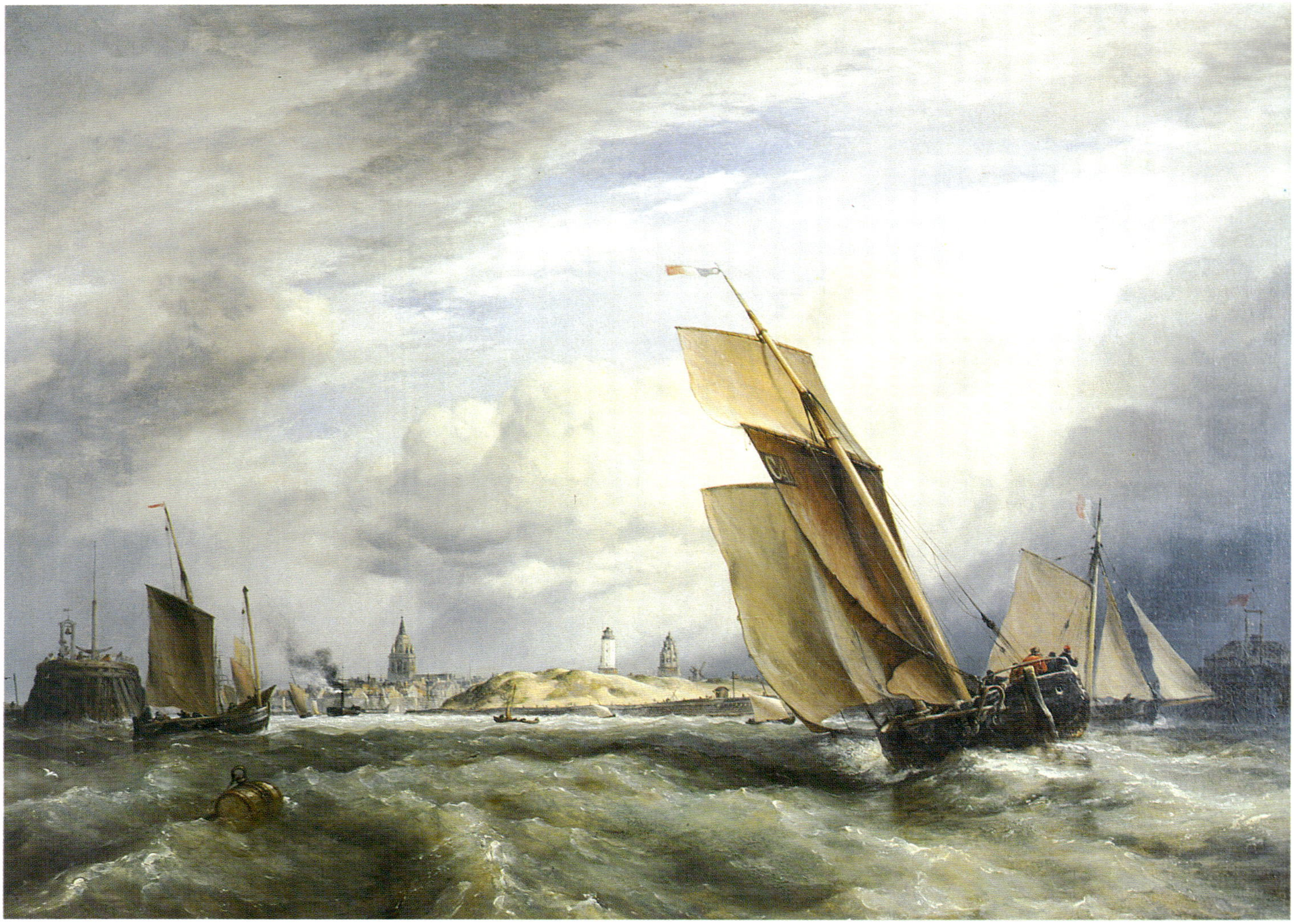

William Cooke.
Calais vu de la mer. C. 1840.

Entre romantisme et réalisme…

Dans la période qui s'étend de 1830 à 1880, des artistes boulonnais, même s'ils quittèrent leur ville natale durant leur existence, travaillèrent sur le littoral, dans les environs de Boulogne-sur-Mer. Les plus intéressants de ces artistes sont Eugène Delacroix, Philippe Jeanron, Eugène Bénard et Henri Bonnefoy. Ces peintres eurent des destinées diverses : Delacroix fut un peintre-voyageur, Bénard et Bonnefoy ne s'éloignèrent guère de leur province ; quant à Philippe Jeanron, né à Boulogne, il reçut sa formation à Paris et finit ses jours dans la retraite qu'il s'était choisie en Corrèze. Outre leur origine boulonnaise, ces peintres eurent encore en commun une vision qui prend aujourd'hui un caractère quasiment ethnographique. Les gens, les lieux, les activités sont tour à tour évoqués dans les œuvres qui se teintent soit de romantisme chez Auguste Delacroix, soit de réalisme chez Jeanron. Ajoutons enfin qu'ils exposèrent aux Salons et portèrent hors de leur province natale l'air du large sur les cimaises parisiennes.

« En cherchant bien, on trouverait encore une foule de petits tableaux qui plaisent au public comme Les Filles d'auberge et Les Campagnardes de M. Auguste Delacroix ». Thoré. Salon de 1847.

DELACROIX

On ignore quelle fut la formation d'Auguste Delacroix. Il était fils d'une famille d'horlogers établie rue de l'Ecu à Boulogne-sur-Mer. Il pratiqua avec habilité la peinture à l'huile et l'aquarelle ce qui explique que ses tableaux aient toujours conservé une indéniable légèreté et une transparence de tons qui en font tout le charme. Dès 1835, à vingt six ans, Auguste Delacroix expose au Salon *Plage et Port de Boulogne* et *Marée basse au Portel*, des œuvres qui attirent l'attention du jury. En 1839, il obtient une médaille de 3e classe et en 1846, « des mains du roi, la grande médaille d'or ».

Mais ce sont avant tout ses qualités d'aquarelliste que les contemporains vont apprécier, lui faisant une renommée dans une technique souvent reléguée au second plan quoique pratiquée par la plupart des artistes comme « exercice de style ». La proximité de l'Angleterre et le courant d'échanges artistiques féconds ne sont sans doute pas étrangers au goût de Delacroix pour l'aquarelle (cf supra « La vague anglaise »).

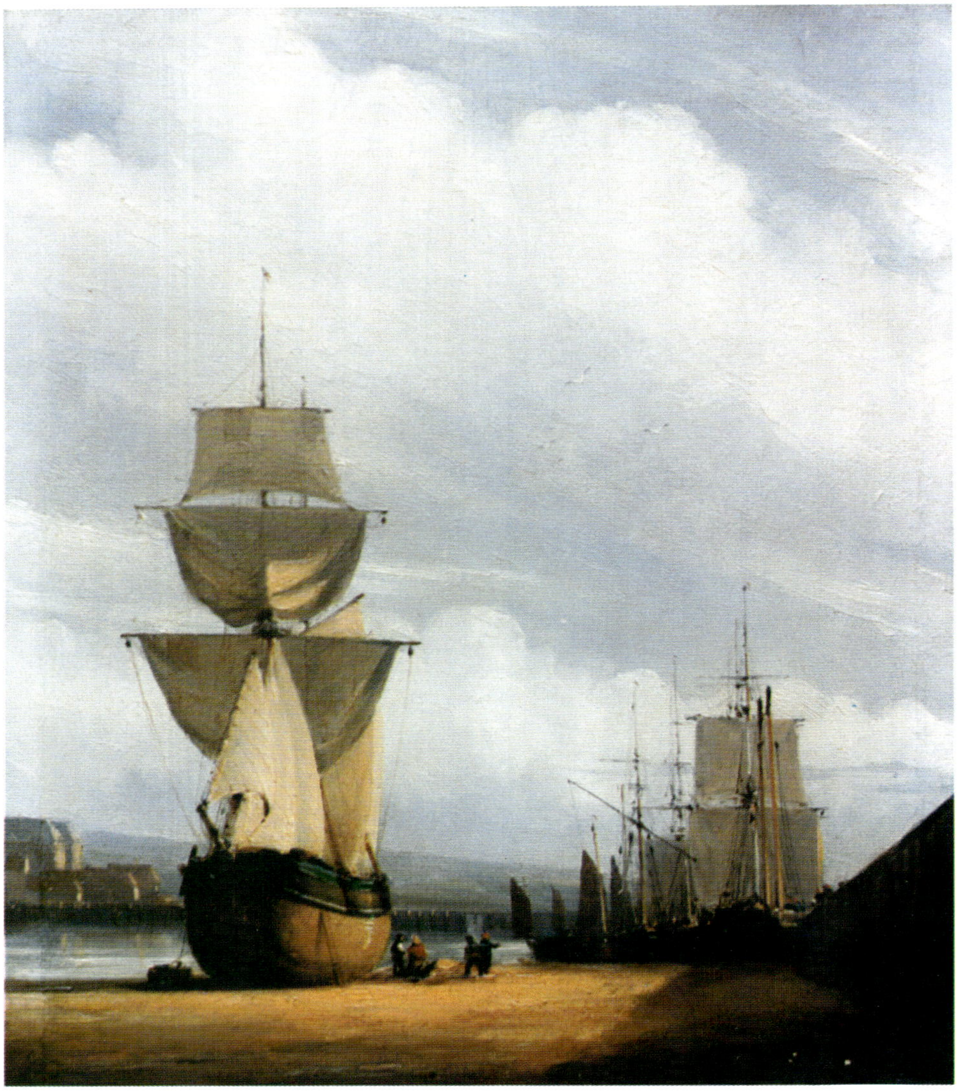

Auguste Delacroix.
Vue du port de Boulogne. 1834.

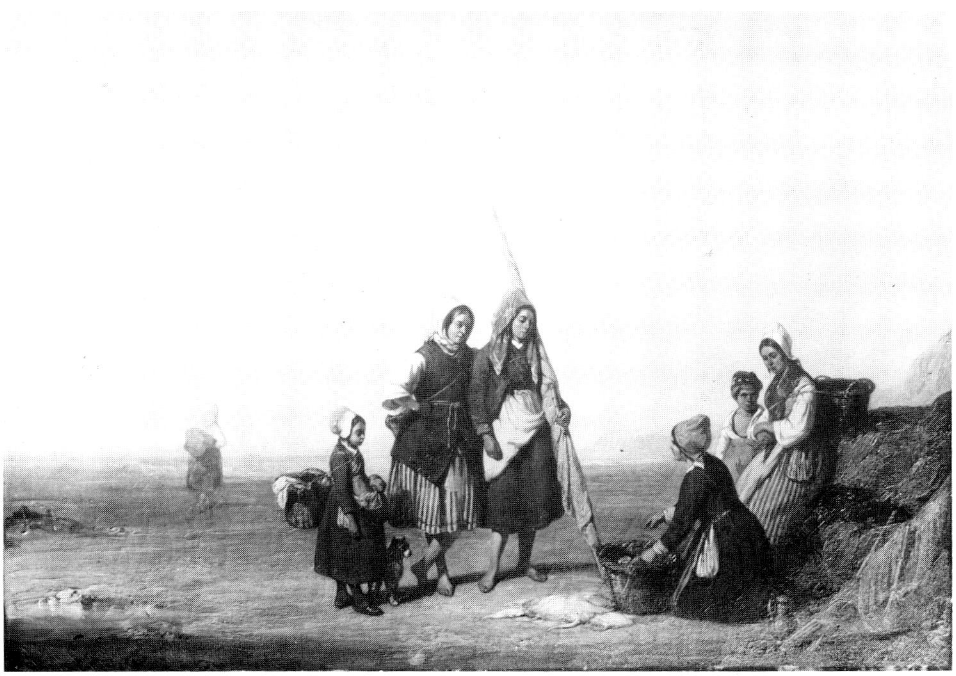

Auguste Delacroix.
Pêcheuses de crevettes.

La renommée de l'artiste est justifiée lorsqu'on regarde ses œuvres au musée de Boulogne ; *Les Jeunes Filles du Portel à la Bénédiction de la Mer* (15) et un *Jeune Matelot* (16) sont prestement enlevés ; A. Barbier dans *Le maître de l'aquarelle* (17) retient quatre aquarelles de Delacroix pour les besoins de ses analyses et de ses démonstrations. Il semble que le talent de Delacroix ait mûri au cours des ans : en 1850, il fait partie des « ex », de ces artistes dont on a reconnu le talent et dont les œuvres sont admises sans examen.

Si l'on considère la production du peintre, on constate qu'il a abordé le portrait (18), la scène de genre (19), il a peint les personnages pittoresques qu'il a rencontrés dans ses nombreux voyages. Le paysage occupe bien sûr une place de choix : côtes de la Manche, Bretagne, Italie et Afrique du Nord ; les œuvres en somme d'un peintre voyageur. Je dirais que Delacroix peint les Portelois comme il dessine ou peint une *Mauresque revenant de la Fontaine* (20) avec à la fois la même distanciation mais aussi avec la même sympathie, avec le même regard bonhomme. Au terme de ses pérégrinations, il regagne son atelier parisien où le célibataire qu'il est resté, prépare activement sa participation au Salon. Lorsque la maladie commence à se manifester sous la forme d'une sorte de paralysie, Auguste Delacroix envisage de s'établir en Italie et à ces fins organise la vente de son atelier. Si cette vente eut lieu, l'artiste ne quitta pas son pays et c'est à Boulogne qu'il vint vivre ses derniers instants au sein de sa famille.

Les tableaux d'Auguste Delacroix ne sont pas toujours exempts d'une certaine joliesse ; ses personnages assemblés sur les grèves, engoncés qu'ils sont dans leurs costumes, les femmes, le visage écrasé sous les coiffes, enjuponnées de vêtements aux rayures verticales, prennent comme un caractère naïf et familier ; ses familles de marins sont typiques, facilement identifiables. Je pense au *Départ pour la pêche* du musée de Boulogne.

Les œuvres qu'Auguste Delacroix nous a laissées conjugent les influences de la Hollande dont il vit les musées et de l'Angleterre toute proche. Les Anglais ont ouvert les yeux de nos peintres sur les beautés des rivages marins. Des Hollandais, l'artiste retient le faire lisse, nacré, transparent qui convient bien à son talent d'aquarelliste. Si l'on ajoute à cela le goût du pittoresque, on aura dégagé les traits essentiels de l'œuvre de Delacroix dans lequel on sent pointer notamment pour les derniers tableaux les assauts du réalisme. Mais c'est à Philippe-Auguste Jeanron qu'il sera donné de l'exprimer avec plus d'éclat dans ses toiles inspirées de son séjour à Equihen et à Ambleteuse.

JEANRON

Philippe-Auguste Jeanron, né à Boulogne-sur-Mer en 1808, demeure un artiste méconnu ; le fait qu'il ait eu des activités multiples d'écrivain, de théoricien de l'art, et de conservateur explique peut-être la discrétion dans laquelle on a tenu son œuvre peint. On connaît surtout le Directeur des Musées qu'il devint sous la Révolution de 1848 ; il donna toute la mesure de ses capacités dans la réorganisation du Louvre et dans les innovations d'une muséographie « moderne ». L'ardent démocrate, l'ami de Théophile Thoré, laisse la place de Directeur des Beaux-Arts, au comte de Nieuwerkerque, lorsque l'Empire s'installe. Jeanron quitte alors Paris et gagne Ambleteuse où il vit parmi une population misérable de pêcheurs.

Les paysages de Wissant, d'Ambleteuse, de Wimereux, d'Audresselles, d'Equihen aussi guident son inspiration sept années durant. Ces œuvres contribuent à faire connaître une région encore bien sauvage et à laquelle les touristes commencent timidement à s'intéresser. Pourtant « ce pays très peu

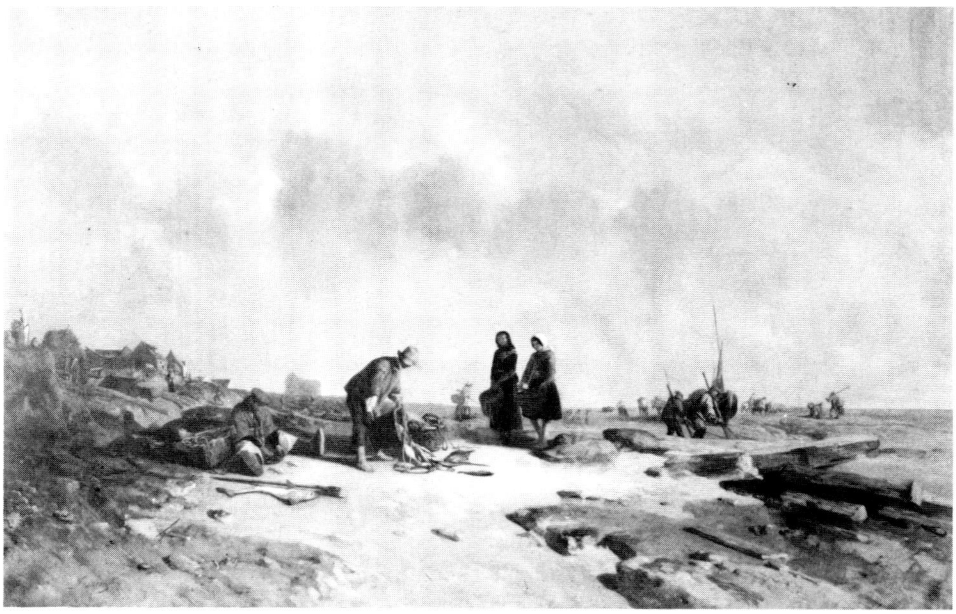

Philippe-Auguste Jeanron.
La morte eau à Audresselles. 1853.

connu, même de nos compatriotes du Pas-de-Calais a un genre de beauté très remarquable. Ses dunes et sa plage sont les plus belles que l'on puisse rencontrer entre Ostende et Etaples ». (21)

Comme d'autres artistes le feront en d'autres lieux, Jeanron ouvre les yeux des voyageurs aux beautés naturelles de la côte et le journaliste de souligner : « Autrefois si l'on s'aventurait au delà de Boulogne c'était à un ou deux kilomètres ; on n'allait pas plus loin : il semblait que l'on fût arrivé aux bornes du monde. Maintenant on peut voir les habitants d'Ambleteuse. On se hasarde à louer en été quelques-unes de leurs maisons pour prendre des bains au milieu de cette nature étrange » (22). Jeanron avait surtout exécuté des tableaux de genre et des scènes populaires (23). Quand il arrive sur notre littoral, il se consacre exclusivement au paysage en dehors de quelques *« Fuites en Egypte »* , travaux de subsistance d'un artiste en semi-digrâce.

Jeanron habite le Boulonnais en 1851 et 1852 ; il y effectue ensuite des séjours réguliers jusqu'en 1857. La plupart des tableaux qu'il exécute se rattachent au courant réaliste, à l'Ecole de Barbizon. Ils ont en commun cette tonalité grise et nacrée qui exprime une certaine mélancolie voire une certaine tristesse.

Son tableau *Les Bergers. Vue du Port abandonné d'Ambleteuse près Boulogne* fit sensation au Salon de 1851 et on déplaça même une œuvre de Théodore Rousseau pour que la toile du Boulonnais fût davantage mise en valeur. Ceci au grand dam des amis de Rousseau. Philippe de Chennevières a raconté tout cela avec beaucoup de verve dans ses *Souvenirs* (24) et il avait aussi aimé « ce grand paysage d'un exécution large et forte d'un ton gris et délicat où Jeanron avait rencontré un sentiment de désolation d'une poésie presque haute ».

Cependant, le tableau *La morte-eau à Audresselles* (musée de Douai) par son souci du détail pittoresque, par ses observations attentives aux activités des gens et par son atmosphère aussi, est bien une œuvre de transition à la croisée du romantisme et du réalisme.

BÉNARD

Hubert-Eugène Bénard naquit à Boulogne-sur-Mer le 29 avril 1834 dans une famille d'artisans ; son père, Louis-Marie-Toussaint-Boniface Bénard, était menuisier de son état ; un milieu modeste mais suffisamment « ouvert » pour ne pas contrarier la vocation d'un fils vers les Beaux-Arts.

Eugène reçoit les leçons de Claudius Jacquand (1808-1878), peintre lyonnais d'origine et qui réside à Boulogne de 1852 à 1855. Ce qu'il retient de son maître, connu à l'époque pour ses tableaux religieux et ses tableaux d'histoire (25), ce sont avant tout des qualités de dessinateur. Boulonnais, Eugène Bénard est naturellement intéressé par le monde de la mer, surtout lorsque s'y trouvent liés des événements insignes comme l'arrivée de la Reine d'Angleterre en France en août 1855. Du débarquement, de la reine Bénard peignit une toile qui gardait trace aux yeux des Boulonnais de cette fastueuse réception : *l'arrivée de la Reine d'Angleterre au port de Boulogne le 18 août 1855* (26). En 1859, la municipalité se portait acquéreur du tableau et l'artiste dans une lettre du 15 février de la même année en remerciait le maire (27). Ce tableau révèle un talent qui s'affirme. L'Exposition des Amis des Arts fut pour le jeune peintre le tremplin à sa notoriété. Ce salon se tenait tous les deux ans au mois de juillet et août ; plusieurs centaines

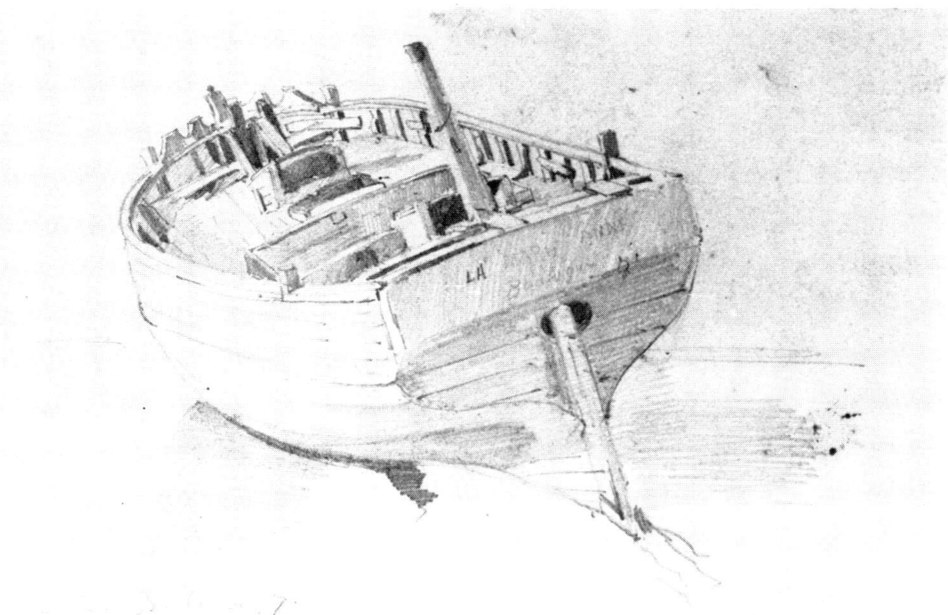

Eugène Bénard.
La Marie-Anne, Boulogne. 1857.

d'artistes français et étrangers y exposaient leurs œuvres au moment où Boulogne connaissait une activité estivale, intense : « Le mois entier se passe à Boulogne en fêtes de toutes sortes. Les étrangers abondent, les paquebots et le chemin de fer nous apportent des milliers d'excursionnistes venant passer ici quelques jours de repos et de distractions. » (28)

L'exposition de l'année 1862 fut particulièrement favorable à Eugène Bénard ; il y obtint parmi les 169 participants une médaille d'argent pour trois tableaux : *Pêcheurs Boulonnais, Déchargement du trois-mats anglais Ardville* et *Lendemain d'un naufrage.*

En dehors du « Salon Boulonnais », l'artiste réussit en 1857 – il a 23 ans – à faire admettre ses œuvres au Salon de Paris, ce qui constituait une autre reconaissance de son talent (29). On s'en flatte dans la presse locale : « L'exposition des Beaux-Arts s'ouvre à Paris le 15 (juin) ; plusieurs Boulonnais y voient leurs œuvres figurer avec honneur. Outre MM. Hédouin et Jeanron, nous trouvons cette fois sur le livret les noms de trois jeunes artistes qui débutent avec éclat dans la carrière : MM. Eugène Bénard, Arthur Bonnefoy et Camille Chauveau ». Ainsi, tout un groupe de peintres boulonnais représentait la ville au Salon. Le musée de Boulogne possède en plus de *l'Arrivée de la Reine d'Angleterre au port de Boulogne, un Paysage* (30) et une *Vue du Moulin Vibert près de Boulogne* (31). Cette dernière œuvre est intéressante ; elle se situe un peu dans la lignée des paysages que Georges Michel peignait aux environs de Paris dans le premier tiers du 19e siècle.

Le 21 décembre 1879 s'éteint à quarante cinq ans, en son domicile au 3, rue de Calais, Eugène Bénard, « artiste peintre, membre de la Commission de Surveillance des Ecoles Communales de Dessin, décoré de l'ordre Letteris et Artibus de Suède et Norvège ». La presse locale (32) rend ainsi compte de la disparition de Bénard : « la perte de cet artiste aussi sympathique que distingué sera vivement ressentie par les nombreux amis qu'il comptait dans notre département. Fécond et habile de la main, traitant avec un égal succès la peinture à l'huile et l'aquarelle, Eugène Bénard a laissé un foule d'œuvres pleine de fraîcheur et de charme... ».

BRETON

Elevé à la campagne, à Courrières, gros village du Pas-de-Calais, Jules Breton gardera, ineffaçable, l'empreinte de cette éducation première qui orientera sa vocation de peintre vers les scènes rustiques. Il faut ajouter à cela l'étude des maîtres flamands et hollandais lors de son séjour à Gand chez son premier professeur Felix de Vigne. Influence aussi de peintres romantiques comme Léopold Robert, auteur de scènes paysannes dans la campagne italienne.

Le retour des moissonneurs (Salon de 1853) et *Bénédiction des blés en Artois* (Salon de 1857) marquent les débuts des succès de Jules Breton qui récoltera honneurs et décorations et qui entrera à l'Institut. Ses paysans et ses paysannes ont un air de santé, une vigueur « primitive ». A travers ses personnages à la silhouette un peu idéalisée, se dessine un hymne à la campagne, aux travaux des champs. Sa réalité paysanne, un peu ennoblie, recueille l'unanimité des suffrages des jurys.

Le tableau *Les Communiantes* (33) est l'œuvre majeure qui reste attachée aux séjours que Breton fit à Cucq, en compagnie de son épouse Elodie. Ils logeaient à l'auberge Prévost-Wacogne, aujourd'hui l'auberge « La Renaissance », non loin de l'église. C'était à mi-chemin entre Berck et Etaples, le rendez-vous des voyageurs et des peintres. Elodie a tenu minutieusement note des travaux de son époux et nous connaissons bien la genèse de l'œuvre (34).

De nombreuses études préparatoires ont été réalisées tant en 1882 (séjour du 27 août au 25 septembre) qu'en 1883 (du 11 juillet au 9 août). Ces travaux préliminaires concernent l'église de Cucq, diverses chaumières dont une sise à Villiers toujours existante quoique légèrement rénovée, propriété actuelle de la famille Bouchez. Dans la mise en place des personnages, nombreux dans *Les Communiantes*, on sent Breton proche d'un artiste comme Jean-Charles Cazin avec même plus de facilité, semble-t-il, pour mettre en place la figuration et l'intégrer au décor. Le thème de la communiante est fréquent dans la peinture de la fin du XIXe siècle ; ceci est dû en partie au renouveau religieux de l'époque, au développement du culte marial qui lui est associé. Les manifestations de la croyance religieuse sont très visibles, je dirais même s'extériorisent facilement en Pas-de-Calais : processions liées aux activités des hommes, bénédictions de la mer si fréquentes sur le littoral, pélerinages aussi comme celui encore pratiqué par les marins d'Etaples à St-Josse-sur-Mer. La liste serait longue des œuvres d'inspiration religieuse faites sur le littoral : Couse, Wengel, Le Sidaner, Louis-Antoine Leclercq, Iso Rae, sont quelques-uns des artistes qui ont puisé à cette source d'inspiration.

Les Communiantes de Jules Breton, par l'importance et le soin que l'artiste attache à sa réalisation, est un tableau qui rappelle le prix que la communauté familiale attachait à cette cérémonie qui marquait comme un passage initiatique de l'enfance à la vie adolescente. Pour approcher d'un peu plus près les mentalités de l'époque, nous avons jugé bon de citer les trois strophes du poème de Jules Breton « Les communiantes » que le peintre-poète avait fait figurer sur le livret du Salon de 1884.

« Parmi les frais lilas, les renaissants feuillages,
Par ce printemps qui chante et rit dans les villages,
Par ce dimanche clair, fillettes au front pur
Qui marchez vers la messe entre les jeunes branches,
Avez-vous pris au ciel, communiantes blanches,
Vos robes de lumière où frissonne l'azur !

Je le croirais, à voir votre frêle cortège
S'épanouir au jour, dans la candeur de neige,
Sous la brume du voile aux flots éblouissants ;
A la douce pudeur de vos bouches de vierges,
Au mignon bouquet d'or qui fleurit vos grands cierges,
Au paradis qui luit dans vos yeux innocents.

Vos plis de tulle au vent vous font des ailes d'anges,
Moins blancs sont les pigeons sur les hauts toits des granges,
Moins blanche est l'aubépine aux rameaux embaumés ;
Et vous allez ainsi vers l'antique chapelle
Où ceint de verts tilleuls, le clocher vous appelle
Et dresse au blanc soleil ses angles allumés. »

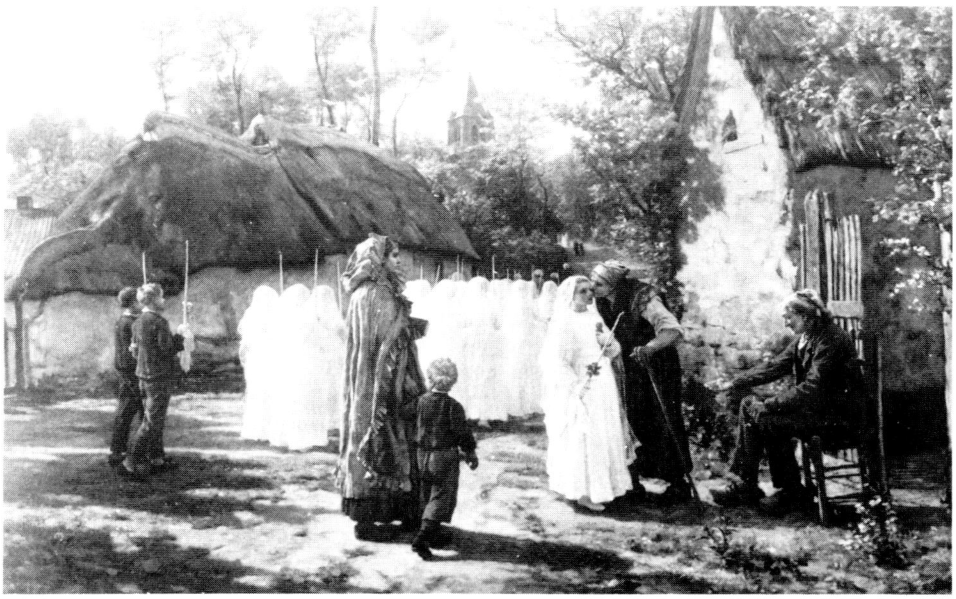

Jules Breton.
Les Communiantes. 1884.

L'impressionnisme

Auguste Delacroix, Philippe-Auguste Jeanron, Eugène Bénard ont exprimé dans leurs œuvres le passage du romantisme au réalisme.

Corot au milieu du siècle a amorcé, par son attention à l'étude de la lumière, l'impressionnisme. Il en est un des précurseurs et l'étude de ce mouvement artistique se devait de commencer par le maître de Ville-d'Avray. Avec Edouard Manet et Eugène Boudin, l'impressionnisme est en Pas-de-Calais et ici, avec des toiles insignes : on ne peut ignorer *Le balcon, La plage* ou *le déjeuner*.

Viennent ensuite des artistes qui ont travaillé dans le sillage des maîtres. Karl Daubigny subit la forte influence de son père, Jean-Charles Daubigny, grand paysagiste du 19e siècle ; il aura à peine le temps de s'en libérer. Jean-Charles Cazin, marqué à ses débuts par la fréquentation des peintres impressionnistes, affirme son originalité lorsqu'il se retire sur nos côtes. Il y retrouve ses racines, son inspiration et c'est un bien. On peut dire de même de Louis-Antoine Leclercq, peintre d'Equihen, dont toute la vie fut un dialogue confidentiel avec la peinture, dans la poétique du quotidien. C'est dire que toute cette période du 19e siècle se révèle riche en œuvres dont certaines nous sont bien connues mais dont d'autres restent, pour notre grand plaisir, à découvrir.

Un précurseur, Corot

Boulogne-sur-Mer, le 2 septembre 1857.

« Me voici depuis hier à Boulogne-sur-Mer où je reste jusqu'au 12, jour où je compte aller vous retrouver à Arras et vous embrasser tous. Colin ne doit-il pas être de notre course à Dunkerque ? Nous allons bien nous amuser et faire des chefs-d'œuvre, ce qui nous consolera de nos ennuis de l'exposition. ». (Corot. Lettre à Dutilleux).

COROT

Il est difficile de suivre les voyages que Corot effectua tant en France qu'à l'étranger au cours de sa longue vie de peintre. Plus que dans sa correspondance souvent fragmentaire, c'est dans l'œuvre de l'artiste que l'on peut noter les déplacements et la localisation des travaux.

Vers 1822-1824, Corot entreprend un premier voyage en Normandie et sur les côtes de la Manche. Il a vingt-huit ans et peut enfin se consacrer à sa vocation de peintre alors que son père lui octroie une pension de mille cinq cents livres. « J'ai

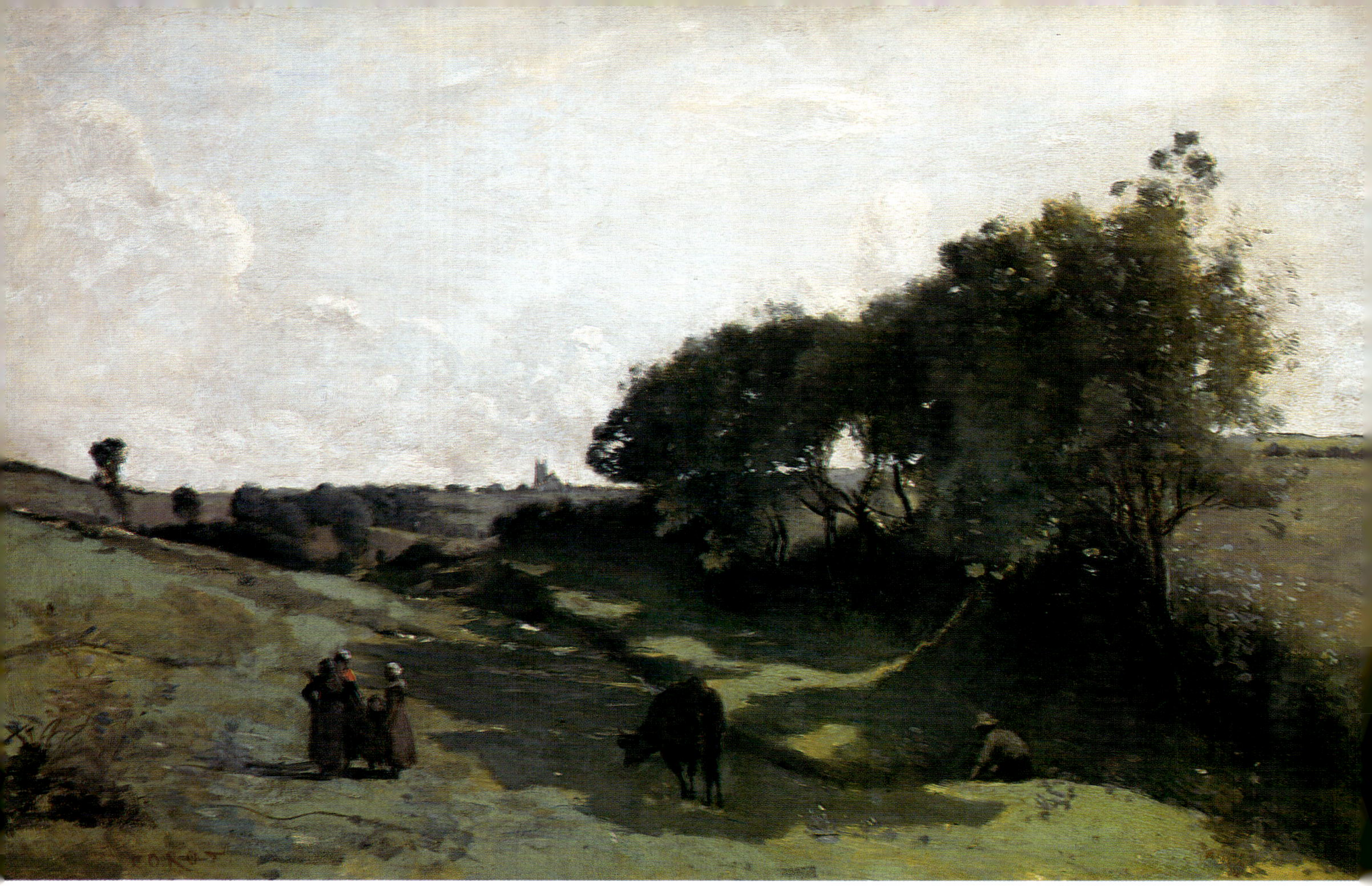

Camille Corot.
Le vallon. C. 1850-1855.

passé huit ans dans le commerce. Ne pouvant plus y tenir, je me suis fait peintre de paysages ; élève de Michallon d'abord, l'ayant perdu, je suis entré dans l'atelier de Victor Bertin. Après, je me suis lancé tout seul sur la nature et voilà » (35). Du premier passage de l'artiste dans notre région, il demeure quelques dessins des environs de Boulogne-sur-Mer. Vers 1840, on relève dans son œuvre des *Chantiers de Bateaux* et des *Pâturages Picards* qui nous laissent perplexes quant à leur localisation à une époque où la désignation « Picardie » se disait d'une province allant jusqu'à Boulogne-sur-Mer.

Il semble que Corot par son caractère sociable, sa générosité naturelle – ses biographes en citent maint exemple – ait contracté de nombreuses amitiés parmi les peintres et les amateurs et c'est souvent chez eux qu'il logeait en voyage. Il séjourne à Boulogne-sur-Mer en compagnie d'Adolphe Desbrochers, homme d'affaires et peintre du dimanche que Corot connut vers 1831 à Barbizon. Ce sont alors des travaux réalisés de concert : *Boulogne, Petite Place* ou encore le portrait d'une parente de Desbrochers en la personne de *La supérieure du Couvent des Annonciades de Boulogne-sur-Mer* (36).

Les relations de Corot avec le Pas-de-Calais sont plus suivies à partir de 1851, lorsque l'artiste fait la connaissance du peintre et amateur arrageois Constant Dutilleux ; le gendre de ce dernier, Alfred Robaut, deviendra le collectionneur des œuvres de Corot et son biographe. Attitude d'autant plus clairvoyante que le talent de Corot n'est pas encore reconnu de beaucoup si l'on excepte Baudelaire,

Champfleury ou Gustave Planche. Les séjours répétés sinon durables de Corot lui permettent de prendre force croquis et peindre quelques tableaux comme *Sémaphore dans les Dunes, Moulin à Vent dans les Dunes* et *Le Vallon* que Mabille de Poncheville a désigné comme « l'un des plus charmants coins du Boulonnais... Celui que traverse la Cluse avant qu'elle devienne le Denacre, site verdoyant dont il a si bien rendu le charme paisible ».

Le *Pêcheur près de Neufchâtel, Pas-de-Calais* est un dessin révélateur de la manière de Corot vers 1855. Le tracé très linéaire donne l'impression d'un mouvement ascendant de la main accompagnant la mine de plomb avec l'élimination de tout superflu. Le commentaire devient redondant devant la maîtrise et la simplicité des moyens mis en œuvre. « Corot s'est servi de la mine de plomb la plus mince et la plus grise, et il faut avoir les yeux quelque peu exercés pour distinguer sous cette pauvre apparence le rayonnement splendide du génie » (37). Cette œuvre se situe au tournant de l'œuvre de Corot, celle que Jean Leymarie désigne sous l'expression « nostalgie lyrique », celle d'*Une Matinée, la Danse des nymphes* ou encore de *La Toilette* (38) ; le contraste qui caractérisait les œuvres méditerranéennes laisse alors place à la nuance et au sentiment.

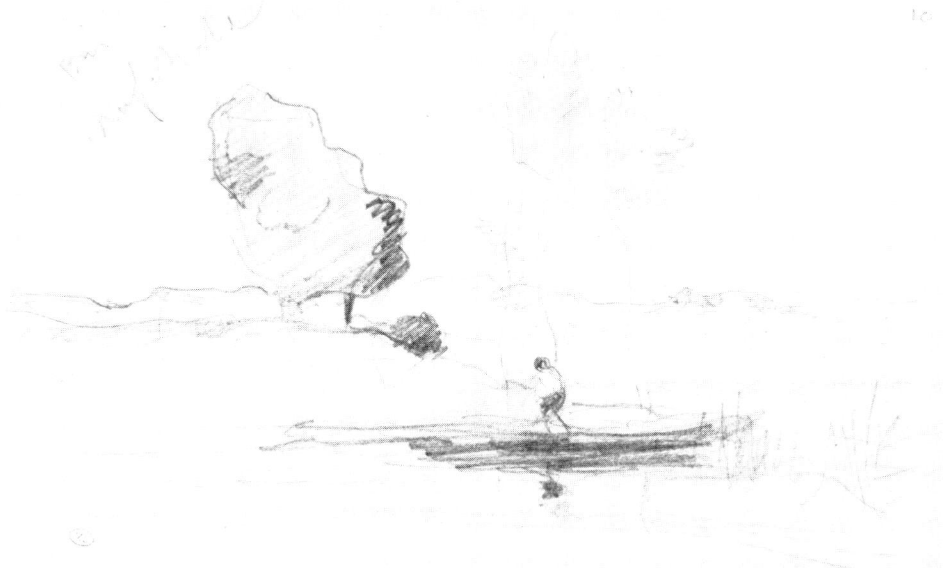

Camille Corot.
Pêcheur près de Neufchâtel, Pas-de-Calais. C. 1855-1860.

Les impressionnistes

MANET

« Manet en Pas-de-Calais », l'expression pourrait être le titre d'un ouvrage tant elle recouvre un nombre important d'œuvres dessinées et peintes pendant les séjours que Manet effectua sur les côtes, à Boulogne-sur-Mer et à Berck (39).

L'amour de la mer est né très tôt chez Manet ; dès l'âge de seize ans, le jeune Edouard qui pensait faire une carrière de marin, navigue en Amérique du Sud sur le navire-école « Le Havre-Guadeloupe » pendant plus de six mois. Après son double échec à l'entrée à l'Ecole Navale – heureusement pourrions-nous dire – ses parents acceptent que le jeune homme se dirige vers les Beaux-Arts.

Les biographes du peintre répètent à l'envi que la famille Manet se rendait traditionnellement chaque été à Boulogne. Ce n'est qu'à partir de 1864 que nous possédons des preuves tangibles de ces séjours : l'inscription de la famille sur les registres des bains de mer et surtout, ce qui nous intéresse davantage ici, la production de l'artiste, une série d'œuvres rythmées des dates 1864, 1868, 1869 et 1871 à Boulogne ; 1873 à Berck.

Trois natures mortes : *Poissons* (40), *Rouget et Anguille* et *Saumon, brochet et crevettes* se rattachent au séjour de 1864. Elles sont avec des études de fleurs et de fruits un thème sur lequel Manet ne reviendra qu'à la fin de sa vie vers les années 1880. Les natures mortes réalisées à Boulogne ont en commun une disposition d'éléments mis en valeur sur un linge blanc et qui se détachent sur un fond sombre un peu à la manière des maîtres hollandais auxquels Manet vouait une profonde admiration.

Ces trois tableaux de poissons et de crustacés sont trois variations sur un même thème dans lequel l'artiste « rend aussi simplement que possible les choses qu'il voit », avec cette touche élégante de sensualité contenue qui est pour moi l'une des marques de son génie. Tout semble peint du premier jet et possède de l'esquisse le charme auquel aujourd'hui nous sommes si sensibles. Dans ces tableaux, Manet réagit contre ce que Focillon nomme « les valeurs atténuantes » et il pose le ton d'un seul coup, avec toujours de superbes noirs qui deviennent couleur. Admirables contrastes de blancs et de noirs profonds, denses, qui n'ont pas dû laisser insensible un peintre comme Pierre Soulages.

En-dehors des natures mortes, Manet réalise une série de marines dont plusieurs sont liées à la guerre de Sécession. Deux unités américaines, l'une nordiste, le Kearsarge et l'autre sudiste, l'Alabama, viennent s'affronter au large de Cherbourg. Manet visite le Kearsarge, vainqueur, en relâche dans le port de Boulogne et rend compte dans une toile du *Combat du Kearsarge et de l'Alabama* , événement qui eut tant de retentissement à l'époque et dont le peintre se fait le témoin. Il est certain que cet épisode de la Guerre de Sécession serait moins présent à nos mémoires si l'artiste n'en avait fait le sujet de plusieurs œuvres.

La première idée du *Balcon* vint à Manet au cours de l'été de 1868 et le tableau fut réalisé en atelier durant l'hiver de la même année. Ce balcon est celui de l'hôtel Folkestone où logeait la famille. Dans le tableau apparaît, assise, le peintre Berthe Morisot (elle épousera le frère de Manet quelques années plus tard). Antoine Guillemet, autre peintre, est debout derrière elle (41), tandis qu'à droite se tient la violoniste Fanny Claus. Présence de trois personnages en vue frontale, chacun d'eux regardant dans une direction différente comme plongé dans sa propre rêverie. Présence aussi du vert cru des ferronneries qui scandalisa les critiques du Salon de 1869, tout comme la cravate bleue d'Antoine Guillemet.

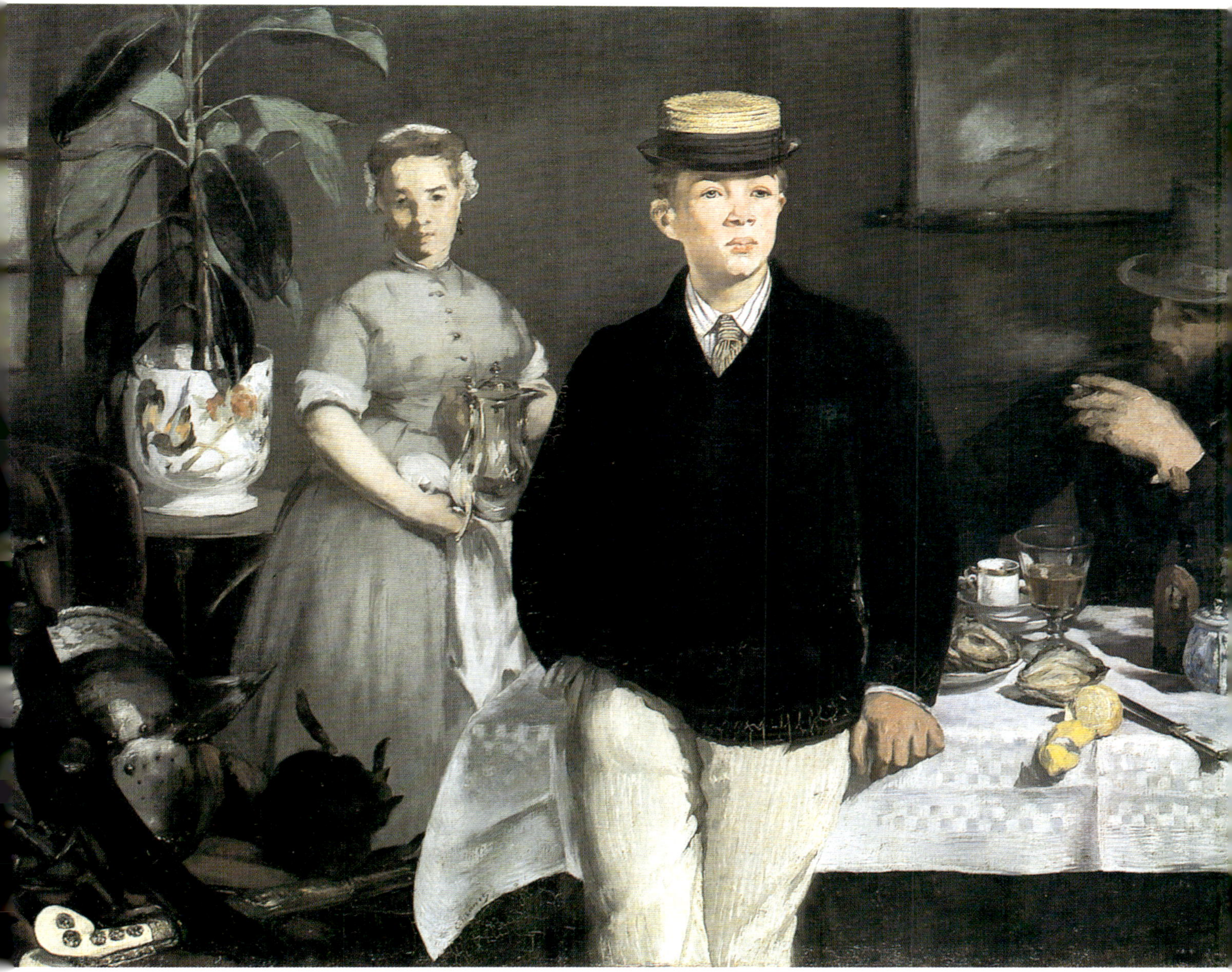

Edouard Manet.
Le déjeuner (dit *dans l'atelier*). 1868.

Le Déjeuner (dit encore *Dans l'atelier*) est une autre toile admirable peinte en 1868, dans laquelle toute l'attention semble concentrée sur Léon Leenhoff, le « beau-frère » de Manet (en réalité fils naturel de Suzanne, épouse du peintre). Léon est appuyé sur le rebord de la table dans une pose familière mais au cadrage audacieux, les jambes « coupées » au niveau des genoux ; voyez aussi les objets sur la nappe damassée qui constituent une véritable nature morte. Le tout dans une mise en page quasi-photographique comme si l'opérateur avait effectué la mise au point sur le personnage du premier plan, les autres s'estompant peu à peu jusqu'au fond de la pièce, jusqu'à la carte indistincte suspendue au mur. Une œuvre clé, une réunion autour d'un déjeuner, sujet impressionniste par excellence mais aussi tableau naturaliste qui a eu l'heur de se prêter à de multiples interprétations (rôle des accessoires orientaux sur la chaise de gauche ?). Œuvre énigmatique, fascinante, expression même de la modernité.

1869 est une année féconde qui voit la création de sept toiles d'importance et parmi celles-ci *Clair de Lune sur le Port de Boulogne* , *La Jetée de Boulogne* et *Sur la Plage de Boulogne*. Chacune de ces trois œuvres, très différentes l'une de l'autre, tant dans la mise en page que dans la palette, éclaire le propos de l'artiste de ne jamais faire deux fois le même tableau. *Le Clair de Lune sur le Port de Boulogne* est un nocturne qui joue sur le clair obscur à la manière des peintres flamands. Etrange conciliabule que celui des femmes des marins attendant le retour des maris, indifférentes aux heures du jour et de la nuit, dans une vie toute rythmée de la succession des marées. Ce remue-ménage nocturne a attiré l'attention du peintre installé sur le port, cette année-là, dans le même logement qui servit de cadre au *Déjeuner*.

Dans *La jetée de Boulogne,* tout est vert d'eau fondu dans une légère brume et, trouvaille originale, passe entre deux quais, un voilier dont on n'aperçoit que la mâture. Une insistance sur les horizontales que nous retrouvons dans *La Plage de Boulogne*. Cette dernière toile a été recomposée à partir d'une série d'observations, de croquis pris sur le vif – nous pourrions presque dire à la sauvette – tant ils sont des instantanés, réduits à leur plus simple expression. Ils révèlent l'extraordinaire don d'observation, l'acuité visuelle, cette tendance de l'artiste à fuir le bavardage, l'inutile, à aller à la litote. A. De Leiris (42) a noté le caractère

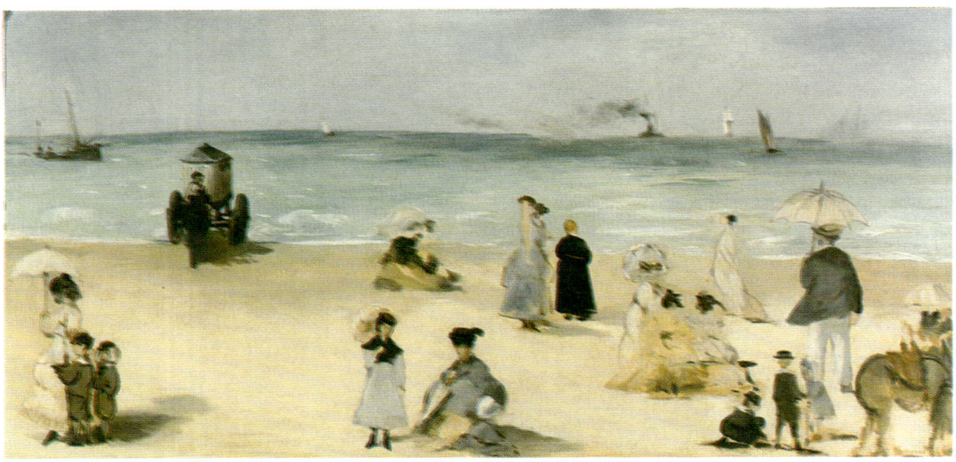

Edouard Manet.
Sur la plage de Boulogne. 1869.

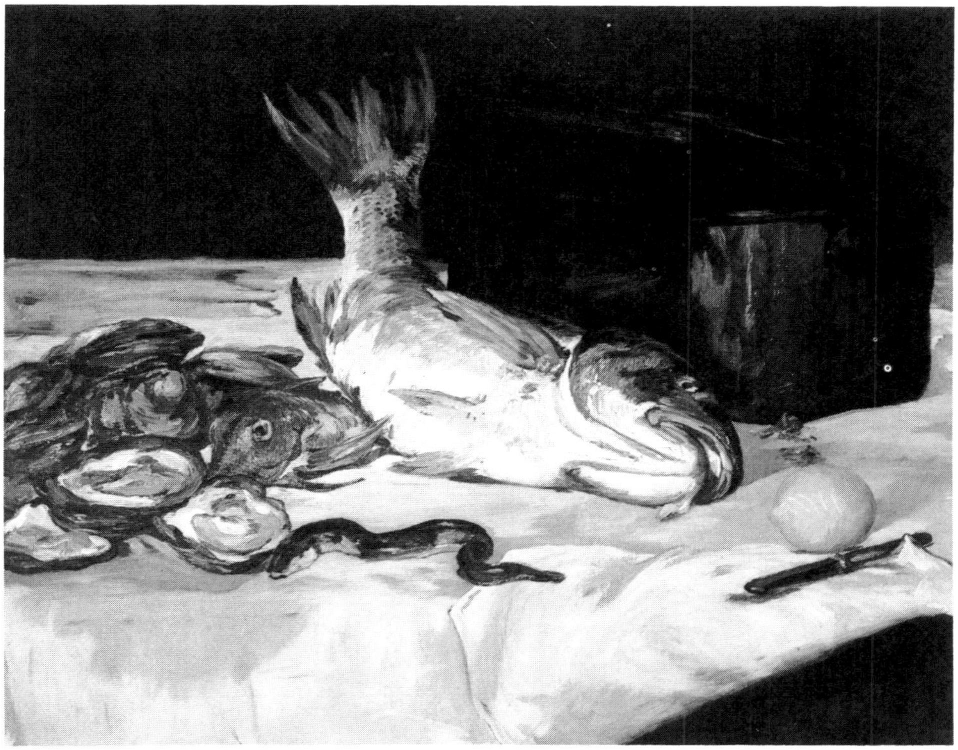

Manet.
Poissons. 1864.

musical de la composition dans les personnages disposés comme des notes sur une portée. J'ajouterai pour ma part cette impression de comédie musicale que laisse le tableau, comme si les interprètes étaient rassemblés sur la scène avant le lever du rideau, dans un monde aérien libéré de la pesanteur. Un tableau dans lequel Manet affronte le problème de la figure dans l'espace et qu'il résout de façon magistrale.

En cet été de 1871, Manet encore tout secoué par les événements dramatiques que Paris a vécus, souffre de dépression nerveuse ; sur les conseils de son médecin, il gagne Boulogne « où la présence de tant de souvenirs heureux lénifia bientôt son esprit » (43). Il peignit *La Partie de Croquet* pour lequel existe aussi au Louvre toute une suite de dessins. C'était, deux ans après *Sur la Plage de Boulogne,* une autre belle œuvre de plein air dans laquelle figurent amis et membres de la famille qui évoluent dans le jardin du casino de Boulogne situé au bord de la mer.

Une brève excursion à Calais lui permit de peindre pendant le même séjour *Le Port de Calais* qui fit partie jusqu'en 1983 de la collection Havemeyer. On peut regretter à ce propos que l'intérêt pour l'œuvre de Manet se soit manifesté tardivement en France, tout au moins après que la plupart des toiles majeures de l'artiste aient quitté la France ; c'est le cas notamment des toiles réalisées sur le Pas-de-Calais et qui sont pour la plupart dans les collections américaines (44).

En 1873 enfin, Manet se rend à Berck-sur-Mer. Une lettre à Zola du début du mois de juillet précise : « Je pars demain pour Etaples à 6 h 1/2 du matin » (45). Les liaisons ferroviaires obligeaient le voyageur à faire halte à Etaples et à poursuivre sa route vers Berck. Parmi les marines, *Sur la Plage* demeure la plus connue, la plus aboutie dans l'accomplissement d'une œuvre de plein air et qui soit conservée dans nos collections publiques. Deux personnages, l'épouse et le frère du peintre, sont assis sur la plage ; la femme est absorbée par la lecture, le visage protégé d'une mousseline ; l'homme est accoudé, le regard tourné vers le large. Dans cette vue légèrement plongeante toute la vision s'est renouvelée : accent japonisant des taches sombres des voiliers sur la mince bande supérieure du tableau ; attitude calme, méditative des personnages. C'est une perception très éloignée de celle d'un Eugène Boudin qui fut à Berck à la même époque et qui souvent place de petits personnages entre une bande de sable et un ciel immense comme le fera aussi Charles Roussel. Loin de l'agitation mondaine des crinolines sur la plage, le tableau de Manet semble moins marqué par le temps. La démarche de l'artiste dépasse ici l'anecdote. Et revient à l'esprit la réflexion de Manet dans son atelier parisien de la rue St-Petersbourg. S'adressant à Méry Laurent il lui confiait : « Ce que j'aurais voulu, c'eût été de camper des femmes comme vous dans la verdure, dans les fleurs, sur les plages, là où l'air mange les bords, mais où tout se fond et se confond dans les splendeurs de la lumière » (46).

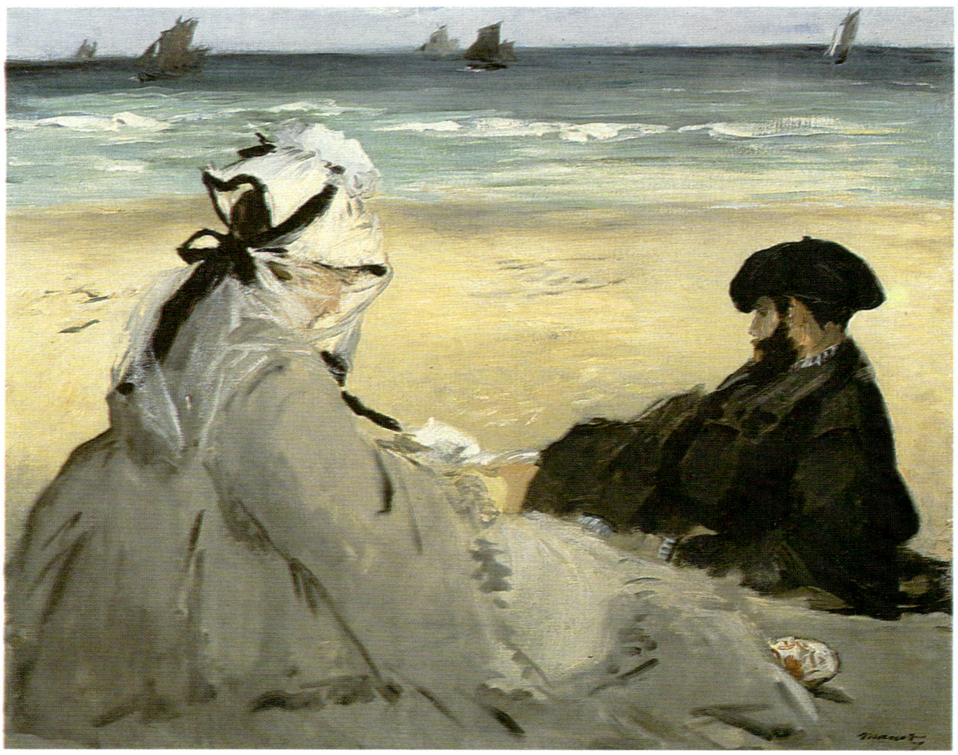

Edouard Manet.
Sur la plage. 1873.

Qu'il soit venu dans le Pas-de-Calais par habitude familiale ou pour des raisons de santé, Manet y réalise des toiles qui marquent des jalons dans sa carrière d'artiste. Un regard d'ensemble atteste la diversité des genres : natures mortes, paysages, marines, portraits. On retrouve dans le répertoire de celui qui ne voulut jamais se répéter, une nouveauté, une liberté de thème et de facture qui ont permis à John Rewald d'affirmer qu'à partir de 1864 « ses œuvres perdirent ce côté souvenir de musée qui caractérisait jusqu'alors un nombre si élevé de ses grandes toiles » (47). Dans la diversité de ses thèmes, Manet reste lui-même. « Peintre et c'est tout, tel fut Manet » (48), bousculant les conventions de la mise en page, le cadrage, le point de vue. Volonté permanente, toujours, d'aller à l'essentiel, faisant fi des conventions, des concessions, des enjolivements, des compromissions, des flatteries (exceptons *Le Bon Bock*). Cet aspect d'esquisse qu'ont beaucoup de ses toiles tient sans doute dans cette volonté d'épure, de litote. De là une densité du tableau tout comme chez Mallarmé une densité du texte et l'on comprend alors les « affinités électives » des deux hommes. Manet va au raccourci, à l'essentiel, et il est difficilement « classable ». Réaliste ? impressionniste ? sans doute, mais moderne avant tout au sens où l'entendait Baudelaire « de tirer l'éternel du transitoire » (49). Intimement persuadé qu'il faisait œuvre de novateur et soucieux d'être reconnu comme tel auprès du public : « Et *Le Port de Boulogne* ? qu'on me cite une œuvre plus sincère, plus dégagée de convention, plus saisie sur le vif ! » (50).

BOUDIN

Les passages d'Eugène Boudin sur les côtes du Pas-de-Calais font partie d'un itinéraire qui conduisait l'artiste de la Normandie à la Picardie ; à Saint-Valéry-sur-Somme, il voyait son ami, le peintre Braquaval. Puis il poursuivait vers le Nord, vers Boulogne-sur-Mer dont il ne peignit que quatre vues du port. Etaples, au climat plus doux, le retient davantage : il y réalise quarante œuvres ; Berck est encore mieux « loti » avec cent vingt-sept travaux importants.

Les œuvres d'Eugène Boudin sur le littoral du Pas-de-Calais correspondent à un moment où l'artiste est en pleine maîtrise de son talent. Plus tard on voit même le peintre poursuivre ses recherches et atteindre de plus subtiles harmonies.

Lorsque l'on parle de maîtrise pour Boudin, cela signifie qu'il s'est libéré des influences, celles de Corot, de Daubigny rencontrés à Paris, et celle également de Théodore Rousseau. Le marchand de tableaux Durand-Ruel ne s'y trompe pas qui s'assure depuis 1883 la vente exclusive de la production du peintre et organise avec succès des expositions. Les tableaux de Boulogne-sur-Mer sont exécutés dans une facture « hachée », une touche que je qualifierais effilée, nerveuse, toute en aspérités pour les mâtures, les constructions, alors que le ciel est rendu par un travail très superficiel de la brosse afin de saisir l'instantané, la mobilité. De la même veine est *Deauville, le bassin* de 1885. Dans *Etaples, la Canche*, l'atmosphère des lieux est admirablement rendue : un très grand ciel se reflète dans le fleuve alors qu'au loin les dunes s'estompent jusqu'à la mer, que l'on devine là-bas.

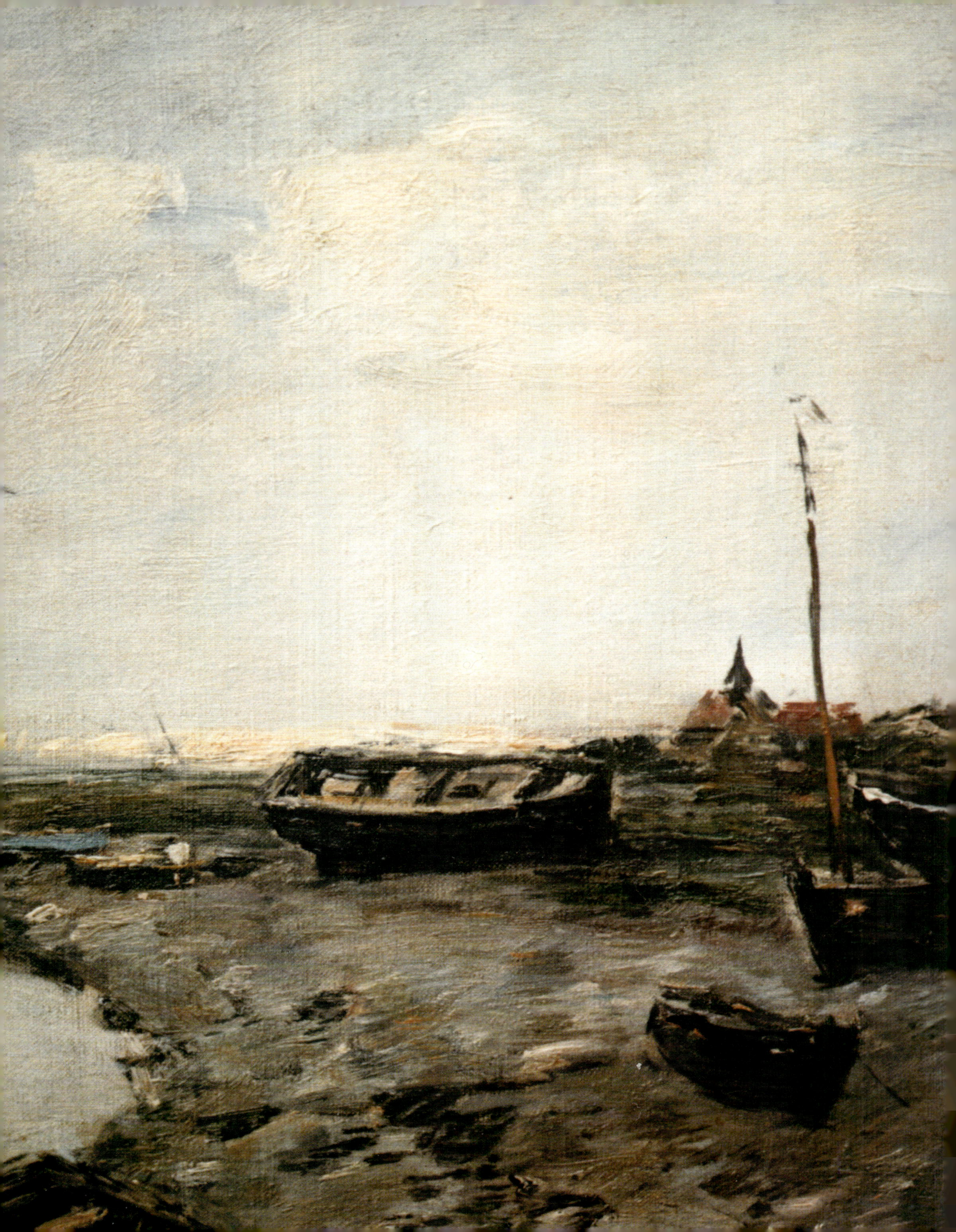

Boudin a bien senti ce passage imperceptible de la terre vers la mer. « Boudin reste attaché à la réalité des lieux, il ne les transpose pas ; par là son art n'atteint pas à la généralité émouvante des grands paysagistes. Mais dans la voie de la vérité expressive, il est l'un des plus avisés. » J'aime cette réflexion de Jean Aubry qui me semble si bien caractériser l'art de Boudin en Pas-de-Calais ; le peintre nous apprend à voir et après lui, je veux dire après avoir admiré ses toiles, on ne voit plus le littoral de la même manière ; on le voit un peu à travers son regard, sa sensibilité et c'est un merveilleux cadeau qu'il nous fait là.

Rares aussi sont ses paysages où ne figurent pas l'animation : femmes lavant le linge au bord du fleuve, pêcheuses sur la grève, à Berck, en groupes distincts, qui accroupies, bavardant, qui debout, un peu raides, figées comme dans *Pêcheuses sur la Plage de Berck*. Ses personnages participent à la cosmogonie ; ils sont les éléments naturels du paysage marin, tout comme les barques échouées ; ils participent à la vie des lieux ; même minuscules, ils sont l'humanité indispensable. Boudin, c'est alors la conversation du peintre avec le ciel, la mer et l'homme, cette familiarité des lieux et ce recul propre à l'artiste. De même il aime les embouchures, les estuaires où le fleuve offre au ciel un autre miroir, de même il peint à Etaples plusieurs versions de l'église romane qui se dressait près de l'actuelle place Jeanne-d'Arc. Devant le porche, s'étalait l'abreuvoir, une immense mare, autre miroir aux jeux d'ombre et de lumière du ciel si mobile et si changeant du littoral. Et dans la fermeté de la touche des toiles des années 1890, on sent comme une nouvelle jeunesse, la plénitude du talent conscient du danger de facilité

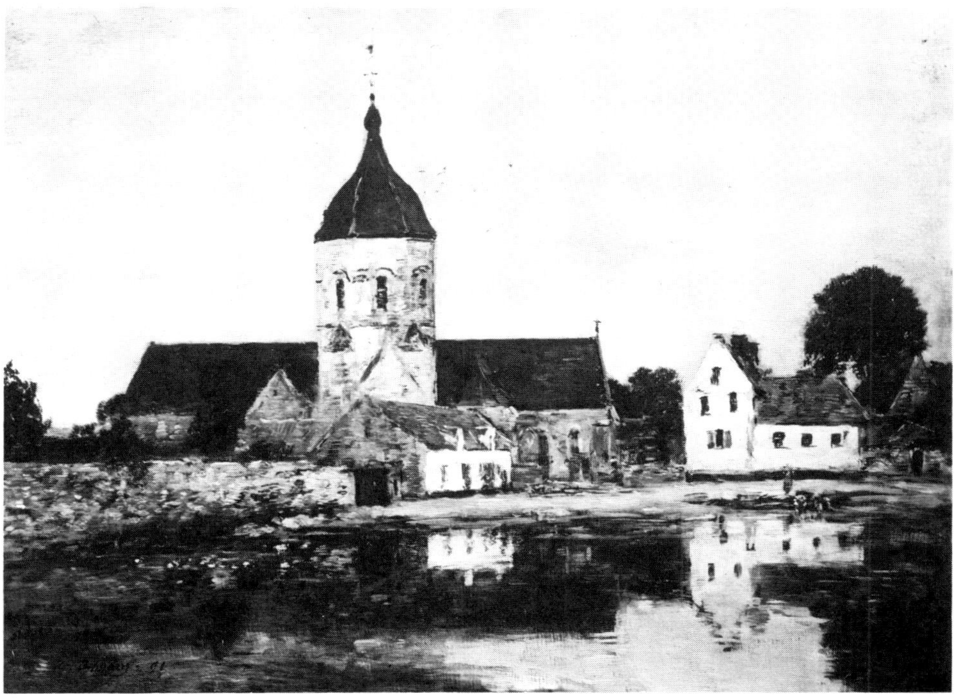

Eugène Boudin.
L'église d'Etaples. 1891.

Eugène Boudin.
Etaples, La Canche. 1886, détail.

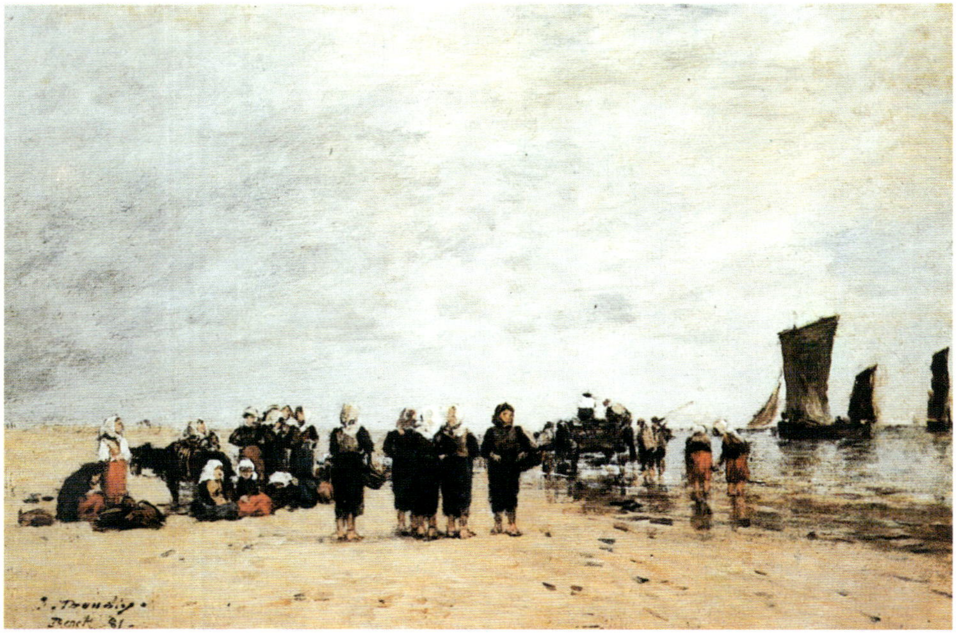

Eugène Boudin.
Pêcheuses sur la plage de Berck. 1881.

dans lequel l'artiste ne veut pas tomber : « On peut encore vieillir dans notre métier, mais mollir c'est défendu ». Propos sincères d'un peintre qui jamais ne se laissa aller à des redites. Seuls des rhumatismes — sans doute la rançon des longues séances en plein air par tous les temps — devaient éloigner Eugène Boudin de notre littoral pour les ciels plus cléments du midi. Il demeure un des grands précurseurs des peintres qui ont travaillé chez nous ; il a ouvert la voie à une foule d'artistes qui viendront puiser là leur inspiration.

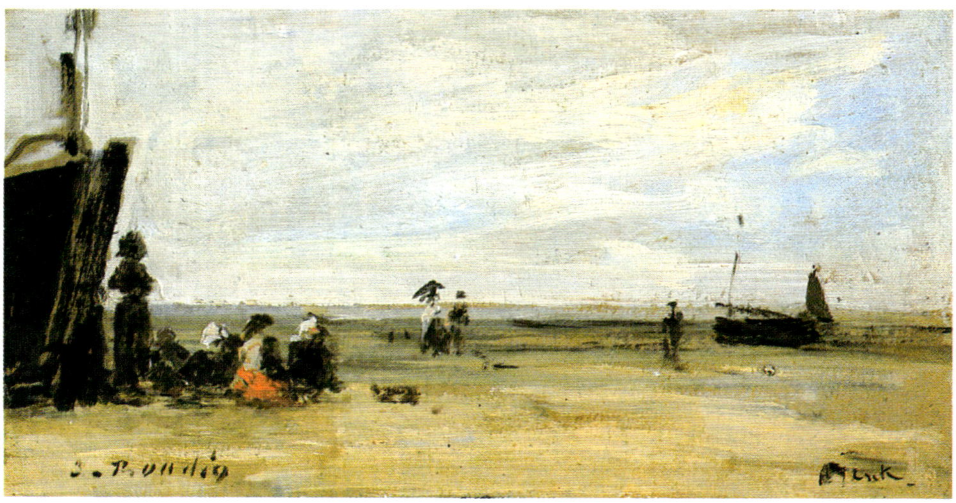

Eugène Boudin.
La plage de Berck.

Les épigones des impressionnistes

DAUBIGNY

Karl Daubigny est le fils du peintre Charles Daubigny, un des précurseurs de l'impressionnisme. Ce père qui nous a laissé de frais paysages des bords de l'Oise, connut des artistes comme Corot, Daumier et Cézanne aussi à Auvers. On ne s'étonnera donc pas de la vocation précoce du fils qui, dès l'âge de dix-sept ans, participait au Salon et obtenait sa première récompense en 1865 avec une œuvre intitulée *Chemin creux.*

On aurait reproché au fils de subir trop l'influence de son père et l'on explique ainsi les voyages du jeune homme en Bretagne, en Normandie et sur les côtes de la Manche. Il a dû séjourner dans nos régions à plusieurs reprises : on a de lui des tableaux de Berck et d'Etaples datés de 1877, 1882 et 1885 ; il est sur le littoral en même temps que l'ami de la famille, Eugène Boudin, qui porta toujours au père de Karl une sincère admiration. La phtisie pulmonaire devait emporter l'artiste à quarante ans et ne lui a pas permis de donner toute la mesure de son talent. Deux œuvres : *La Plage,* et *La Baie d'Etaples (Picardie) ; marée basse* (51) témoignent de la diversité du talent du peintre et de son évolution vers une plus grande liberté de facture. Alors que *La Baie d'Etaples*, paysage « hollandisant », joue encore du clair-obscur, *La Plage* est un petit tableau qui par son format modeste, son support, sa facture enfin, révèle le travail fait sur le vif. Dans cette œuvre de « transition », il faut noter l'économie des moyens utilisés par l'artiste pour suggérer une scène de plage à la fin du siècle dernier au moment où la pratique des bains de mer gagnait des couches de plus en plus nombreuses de la société. Au premier plan, quelques bourgeois tournent le dos au vent qui fait claquer le fanion haut dressé et plaquer sur les jambes, les jupes des bourgeoises prudentes ; on quitte ensuite ce groupe d'observateurs discrets et c'est un cheval qui transporte une énorme tonne d'eau et plus loin le monde agité des baigneurs ; au large, des

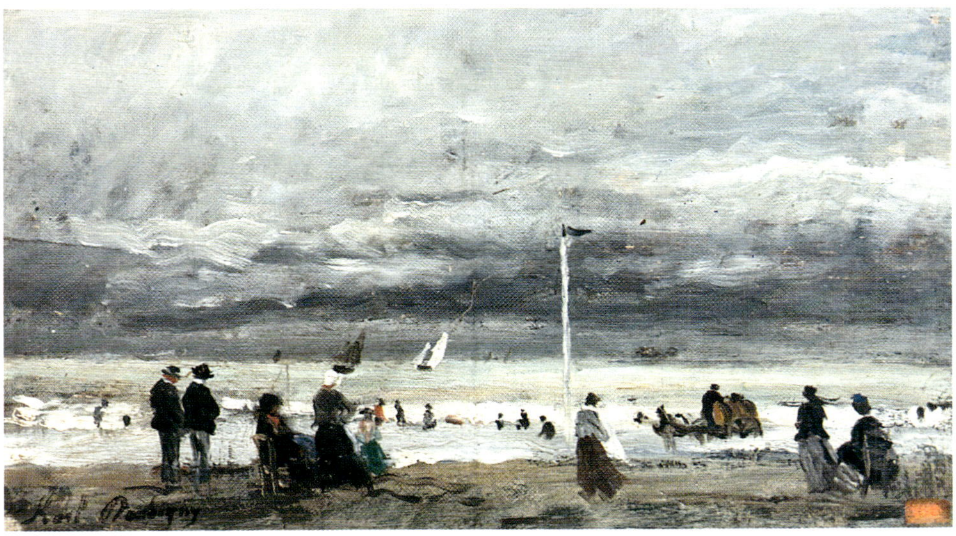

Karl Daubigny.
La plage. C. 1885.

bateaux gitent sous le ciel plombé et courent sur des masses d'eau couleur opale, couleur qui a donné son nom à cette partie des côtes de la Manche. La touche est grasse avec un mouvement longitudinal de la brosse parfois insistant. A cela s'ajoute un travail bien dans l'esprit du Manet de *La Plage de Boulogne-sur-Mer* : similitudes dans le format, dans la mise en place des personnages, dans les silhouettes noires du premier plan, les attelages et les bateaux. Karl Daubigny a pu voir le tableau de Manet lors de l'exposition posthume de ses œuvres à Paris, en janvier 1884 ; s'il est excessif d'y voir un hommage au maître du *Déjeuner sur l'herbe*, on peut tout au moins y déceler une influence certaine.

LECLERCQ

De Louis-Antoine Leclercq il nous reste la donation Jeanne Leclercq au musée de Boulogne-sur-Mer. L'exposition à laquelle elle a donné lieu en 1985 a mis l'accent sur un peintre dont les qualités premières sont celles de modestie et de discrétion et qui atteint parfois des accents inégalés.

L'essentiel de l'existence du peintre s'écoula à Equihen où il s'installa en 1881. Il y vécut dans la quiétude familiale et dans le voisinage d'autres peintres, Jean-Charles Cazin et Edmond de Palézieux. L'œuvre de Leclercq s'est développée dans trois domaines bien distincts : le paysage, la nature morte et le portrait. Artiste difficile et exigeant pour lui-même, Leclercq a souvent utilisé le pastel avec lequel il réalisait les études préparatoires ou, si le résultat lui convenait, l'œuvre définitive.

Dans *La Cour de la Maison d'Equihen* (52) le paysage se referme sur lui-même et délimite un espace intime, de l'intimité de ces patios des maisons méditerranéennes dont elle possède la tranquillité. On retrouve cette atmosphère, créée cette fois par la lumière diffuse qui pénètre par la grande porte-fenêtre, dans *Madame Leclercq dans la salle à manger d'Equihen* (53) ; la silhouette au visage indistinct accentue la présence féminine et confère à l'œuvre un rendu proche des dessins de Seurat. Plus que les traits du visage qui lui sont bien familiers, c'est davantage l'instant que le peintre saisit avec beaucoup de nuances.

Louis-Antoine Leclercq était profondément croyant et d'une croyance qui ne craignait pas de s'exprimer dans des tableaux comme *Le Pain Quotidien* ou *Le Bénédicité* (54) ou encore dans les diverses *Communiantes* (55) et *La Lecture de la Bible* (56). Bien souvent posent pour la circonstance son épouse ou ses filles. Mais, où il atteint à mon avis le meilleur de lui-même, c'est dans ses admirables portraits, qu'il s'agisse de l'*Etude pour le Portrait Blanc* (57) ou de l'étude pour *La Maternité, Symphonie en blanc* (58). En plus de leur appellation, ils font penser par leur mise en page aux œuvres de Whistler. C'est bien entendu au *Portrait de Ma Mère* (59) que fait penser le *Portrait blanc* de Leclercq : même position assise du personnage peint de profil ; je dirais aussi même atmosphère recueillie. Il y a indéniablement influence et non pastiche (ce n'était pas dans la démarche de Leclercq). Ces portraits placent le peintre d'Equihen parmi les grands artistes des côtes du Pas-de-Calais.

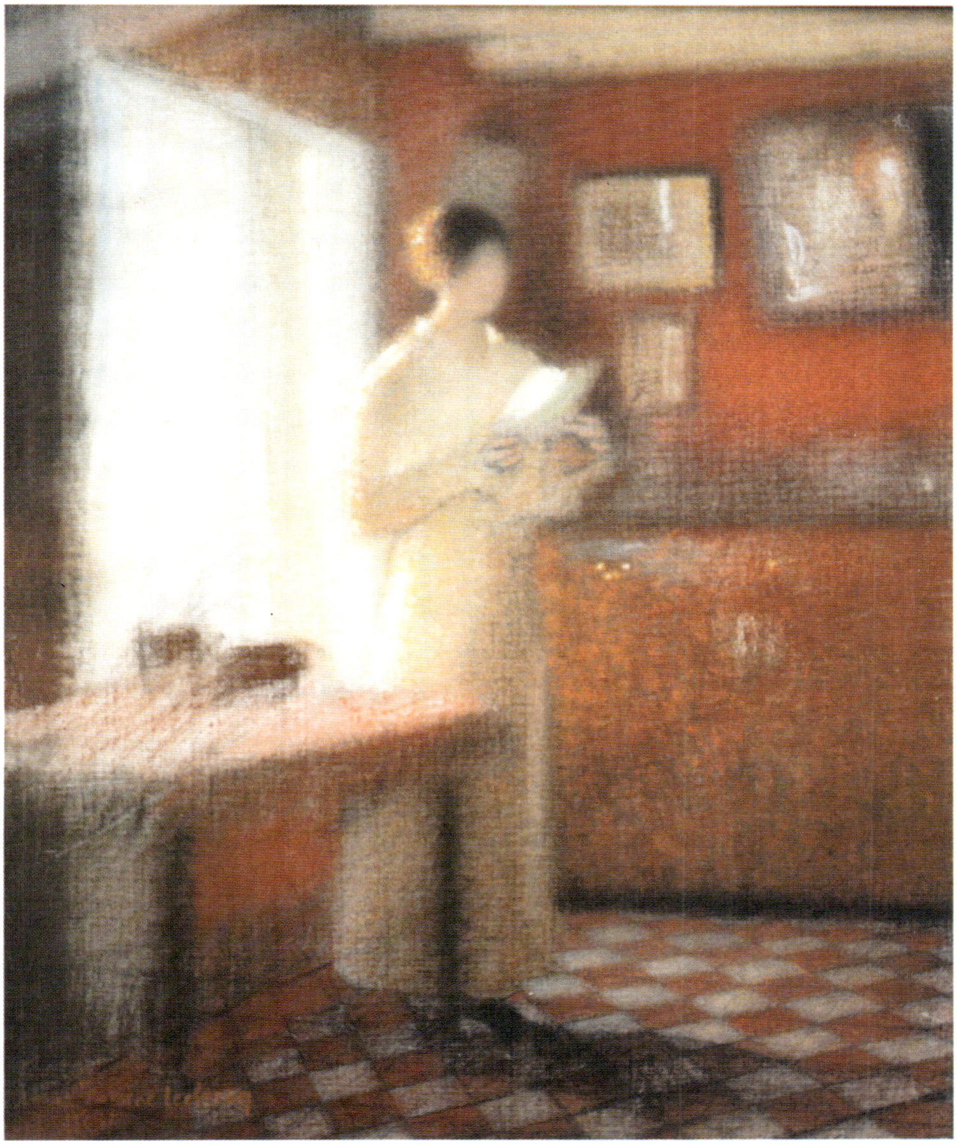

Louis-Antoine Leclercq.
Madame Leclercq dans la salle à manger d'Equihen.

CAZIN

Jean-Charles Cazin est sans doute des peintres boulonnais celui qui, de son vivant, connut la plus grande renommée. Il était issu d'un milieu bourgeois ; son père, médecin, fut à l'origine de la vocation « thérapeuthique » de Berck. Après des études secondaires, il entra à Paris à l'Ecole Gratuite de Dessin dirigée par Lecoq de Boisbaudran et y eut comme condisciples Alphonse Legros, Fantin-Latour et Lhermitte ; il y reçut l'enseignement spécifique d'un maître en marge des courants officiels et qui inculquait à ses élèves le travail de la mémoire. Recomposer la nature de mémoire par des exercices intensifs afin de libérer « l'observation conservée », exalter l'individualité de l'artiste, deux préceptes que Cazin mettra largement en pratique.

Lecoq de Boisbaudran relate dans son livre, *L'éducation de la mémoire pittoresque* (60), quelques exercices d'entraînement avec ses élèves : « Souvent, le modèle était arrêté par une exclamation des spectateurs qui l'invitaient à rester quelques secondes immobile... Un moment l'admiration s'est élevée jusqu'à l'enthousiasme : un de nos modèles, homme de belle stature... se reposait négligemment sur le bord de l'étang, près d'un groupe de roseaux, dans une attitude aussi noble que naturelle. Le prestige fut complet. La mythologie était là vivante devant nous : c'était un fleuve antique présidant au cours de ses ondes dans toute sa sereine majesté ». De telles lignes nous rappellent immanquablement les œuvres d'inspiration mythologique ou biblique de J.-C. Cazin. Lecoq voit en lui l'un de ses meilleurs disciples et lui facilite l'accès au poste de professeur de dessin à l'Ecole d'Architecture de Paris ; Cazin prend ensuite en 1868 la direction du musée de Tours et de l'école de dessin de la ville.

D'autres influences vont aussi forger la personnalité du peintre : d'abord celle de J. Mc. N. Wistler qu'il côtoie à Paris puis à Londres où il séjourne de 1871 à 1874. Les deux hommes y exaltent leur goût commun des nocturnes. Le séjour anglais s'achève en 1874 et a permis à Cazin, par nécessité domestique et par goût aussi, de développer ses dons de céramiste en travaillant notamment pour la « Fulham Pottery » dans un registre japonisant. Il y eut aussi l'amitié de Puvis de Chavannes dont Cazin achève les fresques au Panthéon.

Dès 1863, il a vingt-deux ans, Cazin expose au Salon des Refusés un *Souvenir des Dunes de Wissant* parmi des œuvres de Manet, Whistler, Fantin-Latour, Constant Dutilleux, Legros... L'hostilité au Jury est ici plus forte que la communauté de goût. Ces artistes, qui feront tous une carrière un peu en marge – c'est particulièrement vrai pour Cazin – cherchent avant tout à affirmer leur personnalité. Au Salon de 1876, *Le Chantier* (61) marque ses débuts dans la carrière. Le succès de ce tableau, exécuté à Boulogne « sur le quai du bassin en face de la maison qu'il habitait » (62), l'incite à se fixer à Paris. Il revient néanmoins chaque année à la belle saison pour de longs séjours à Equihen où il finira par se faire bâtir un atelier, solide construction de briques, au milieu d'une nature sauvage dont il s'efforçait de préserver l'isolement. Jusqu'en 1883, Jean-Charles Cazin ne peint pratiquement que des scènes inspirées de la Bible et de l'Odyssée : c'est en 1877 *La Fuite en Egypte,* en 1880 *Tobie* et *Agar et Ismaël* (63) ; pour ces œuvres posent son fils Jean-Michel et son épouse dans les dunes du Pas-de-Calais. Alors que bien d'autres peintres accumulent les détails exotiques pour les besoins de leur « démonstration », Cazin situe simplement la scène dans son Artois natal et le tableau n'en acquiert que plus de généralité, prend un caractère d'humaine condition. *Judith* (1883) fait ses adieux au pied des remparts de Montreuil-sur-Mer qui devient dans l'esprit du peintre la ville assiégée de Béthulie.

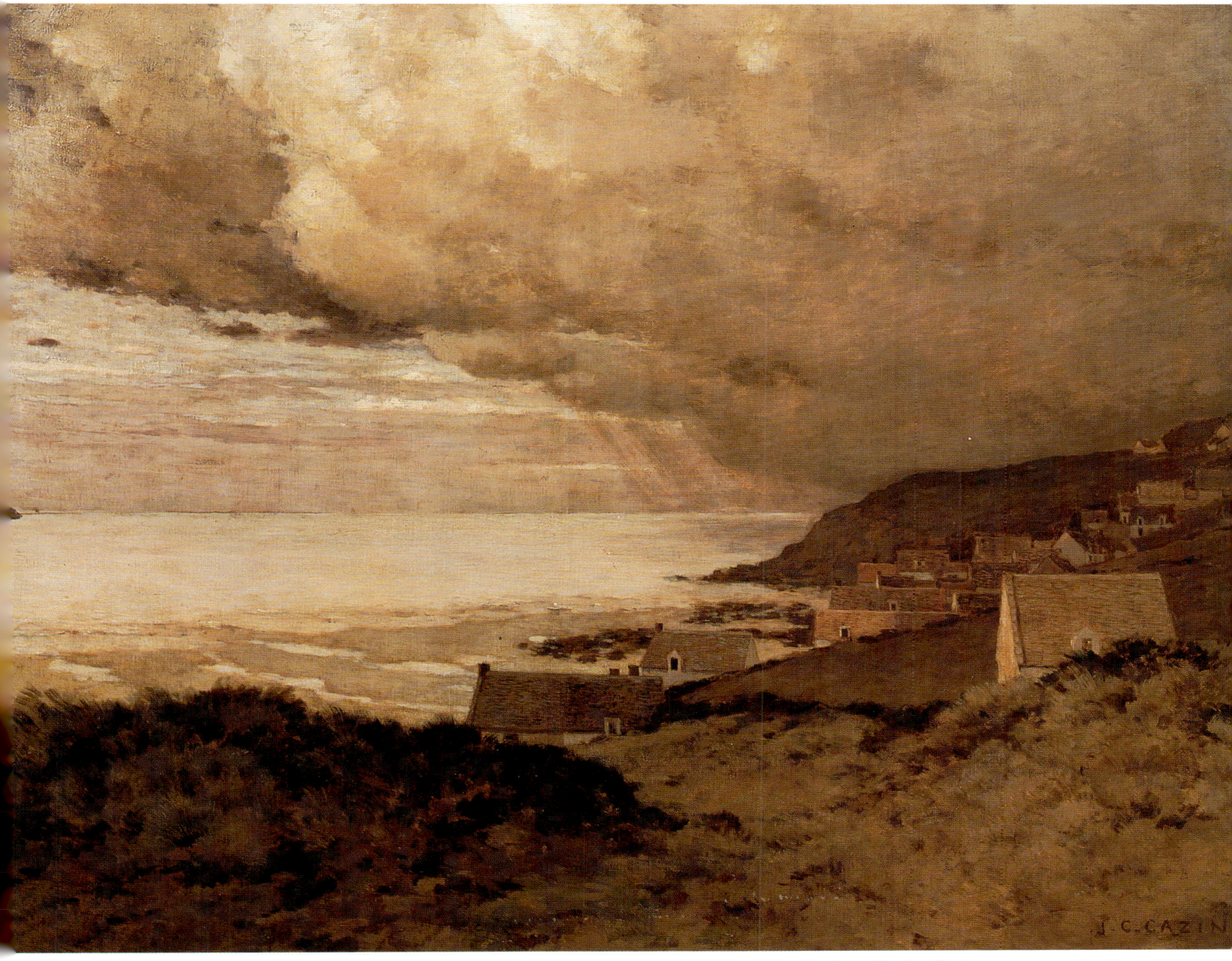

Jean-Charles Cazin.
L'orage. 1876.

C'est encore son fils Jean-Michel, cette fois plus âgé, qui pose, appuyé sur les rochers d'Equihen, dans *Ulysse après le naufrage* (64). L. de Foucault a bien compris la démarche de Cazin quand il affirme : « Il serait faux de faire de J.-C. Cazin un penseur qui peint ». Au vrai, « tel paysage qu'il regarde, telle silhouette qui le frappe, tel effet d'ombre ou de lumière qui concorde avec ses préoccupations de l'instant... font poser devant son imagination des personnages qu'il reconnaît... Les conceptions de Cazin viennent ainsi directement de la nature observée... » (65). Cazin peint les Grands de l'Histoire avec les costumes, les gestes, les attitudes de ses contemporains. En cela, il se distingue de Puvis de Chavannes, auteur de *Ave Picardia Nutrix*. Au caractère intemporel et hiératique des personnages chez Puvis, répond chez Cazin plus de familiarité, moins de grandeur peut-être mais aussi davantage de compassion pour l'humanité blessée.

Après une absence de près de quatre ans des Salons, années pendant

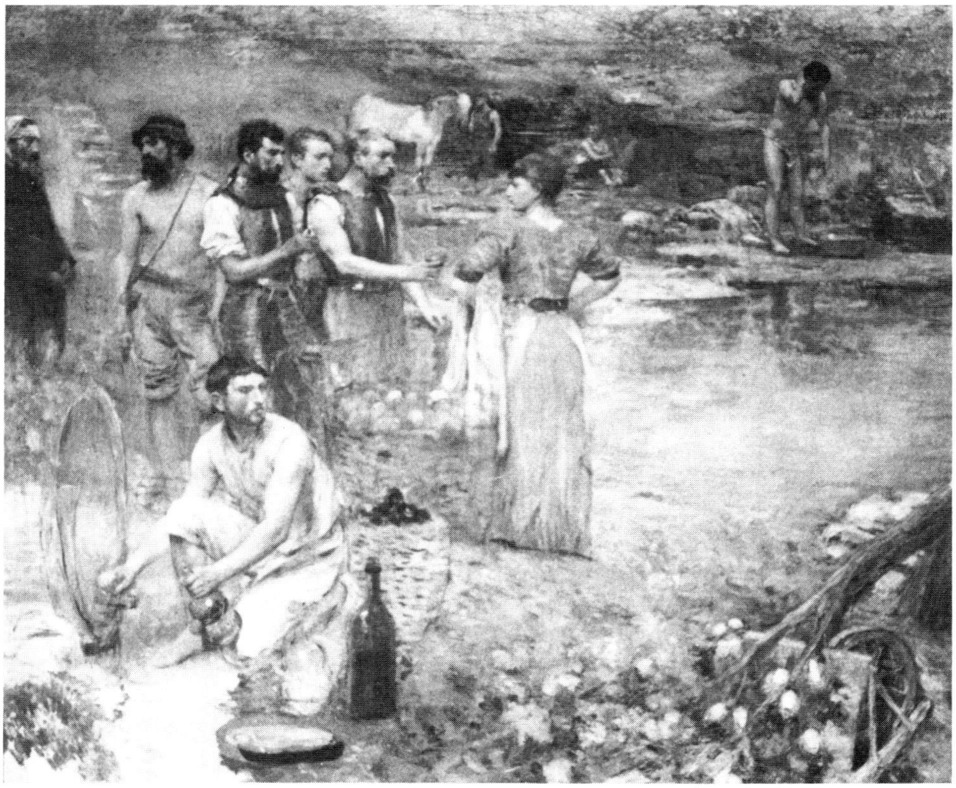

Jean-Charles Cazin.
Judith.

Détail.

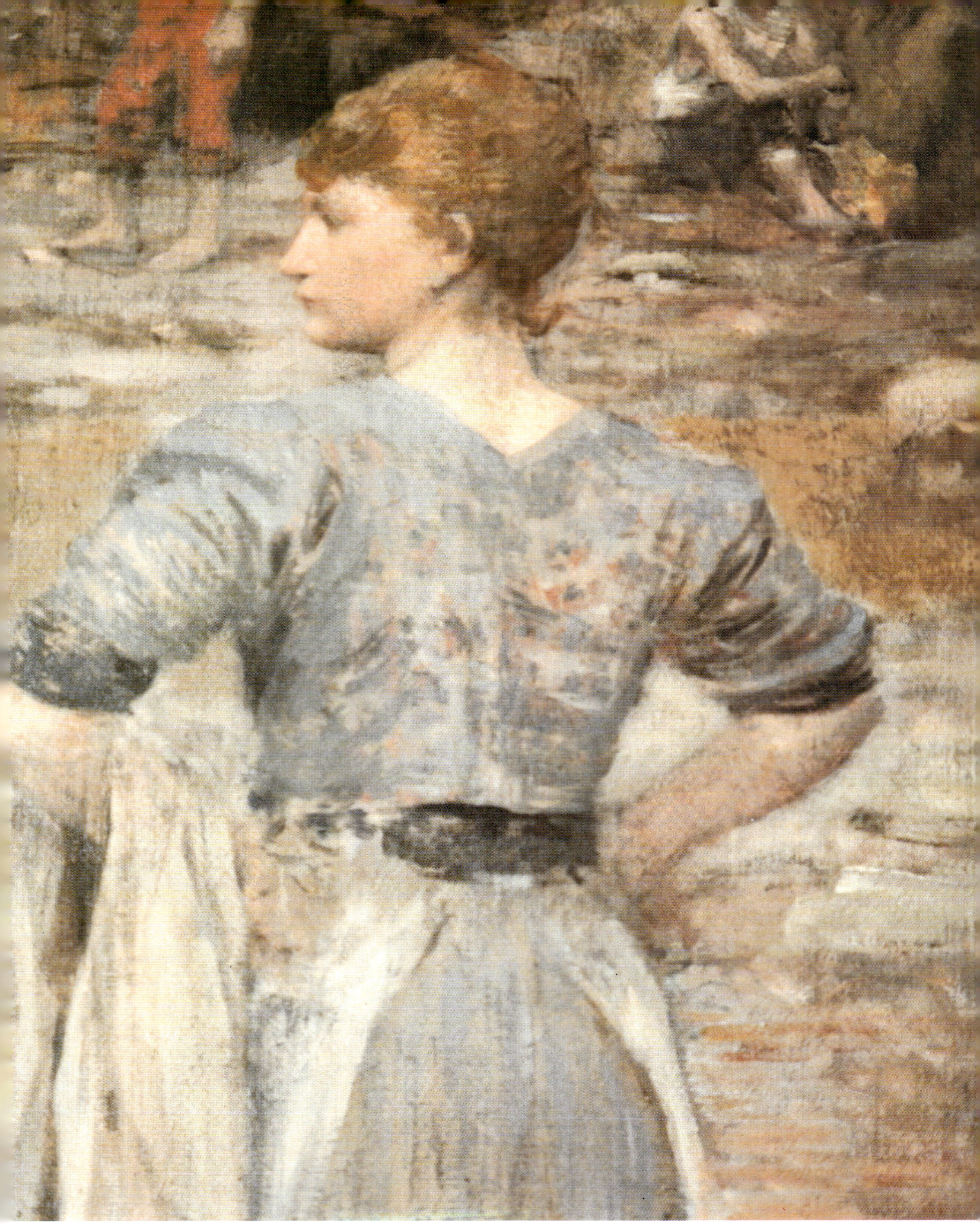

lesquelles il voyage en Hollande, en Flandre et en Italie, Cazin reparaît avec des toiles d'une toute autre inspiration. Seuls désormais semblent compter les paysages sans références historiques, des « nocturnes » comme *La Nuit Claire* (66), des cottages éclairés le soir, porte ouverte sur la route où s'éloigne une cariole. Ce sont maintenant « les nuits de Cazin, ses journées déjà touchées de crépuscules étoilés des feux d'un phare et pesant sur les dunes ». Œuvres peu faciles à aborder mais séduisantes lorsqu'on laisse le charme opérer, quand la poésie enfin peut s'exprimer. Il « aimait les cabanes basses perdues dans les sables... les carrés de moissons ondulant sous la brise (comme on peut toujours le voir dans le site des Deux Caps), les ruelles assoupies sous la lune... tous les aspects coutumiers et tranquilles de son pays natal ».

Les toiles de Jean-Charles Cazin sont dans notre fin de siècle où tout est fureur, bruit, agitation souvent stérile, comme des posadas, un juste retour à la « nature observée ». Et il n'y a aucun passéisme dans cette remarque. On peut encore s'arrêter devant la *Vue du Chemin de Neufchatel* (67) à l'étonnante « monochromie brune » ou encore devant *Le Dégel* (68), un paysage de dunes enneigées. Depuis la disparition de l'artiste, aucune exposition d'envergure n'a eu lieu qui permette de faire connaître l'ensemble de l'œuvre de Jean-Charles Cazin.

Nocturnes

Dans la production des peintres du littoral existe tout un courant que l'on pourrait appeler crépusculaire ; certains y verront la récurrence d'un thème déjà présent dans les œuvres pré-romantiques de Claude-Joseph Vernet (1714-1789) et dans les premiers tableaux de Turner. Cependant des nocturnes ont été produits ici avec une telle continuité et une telle abondance que l'on peut se demander si l'on n'est pas en présence d'une veine tout à fait originale, propre aux peintres du Pas-de-Calais.

Le *Clair de Lune sur le Port de Boulogne* de Manet (69) donne comme une nouvelle impulsion au thème et lui assure un demi-siècle de prospérité. Jean-Charles Cazin affectionne dans tout son œuvre peint cet aspect particulier, d'emblée intimiste, des nocturnes. Le milieu dans lequel il a évolué, les peintres qu'il a fréquentés nous conduisent à J. Mc. N. Whistler. Cazin a participé avec le peintre américain, avec Manet aussi, au mémorable Salon des Refusés en 1863, réponse des peintres de la modernité à la sélection jugée rétrograde du jury. Lorsque Cazin séjourne à Londres de 1871 à 1875, il y rencontre Whistler au moment où celui-ci réalise ses premiers grands nocturnes comme *Le Vieux Pont de Battersea* et le *Nocturne en Bleu et Or* (70). A son retour en France, Cazin va influencer les peintres de son entourage et Le Sidaner qui lui voue une grande admiration. Il s'opère alors une « contamination crépusculaire » d'où naîtront les œuvres de Frits Thaulow, Henri et Marie Duhem, Maroniez peintre du groupe de Wissant, L.-A. Leclercq d'Equihen.

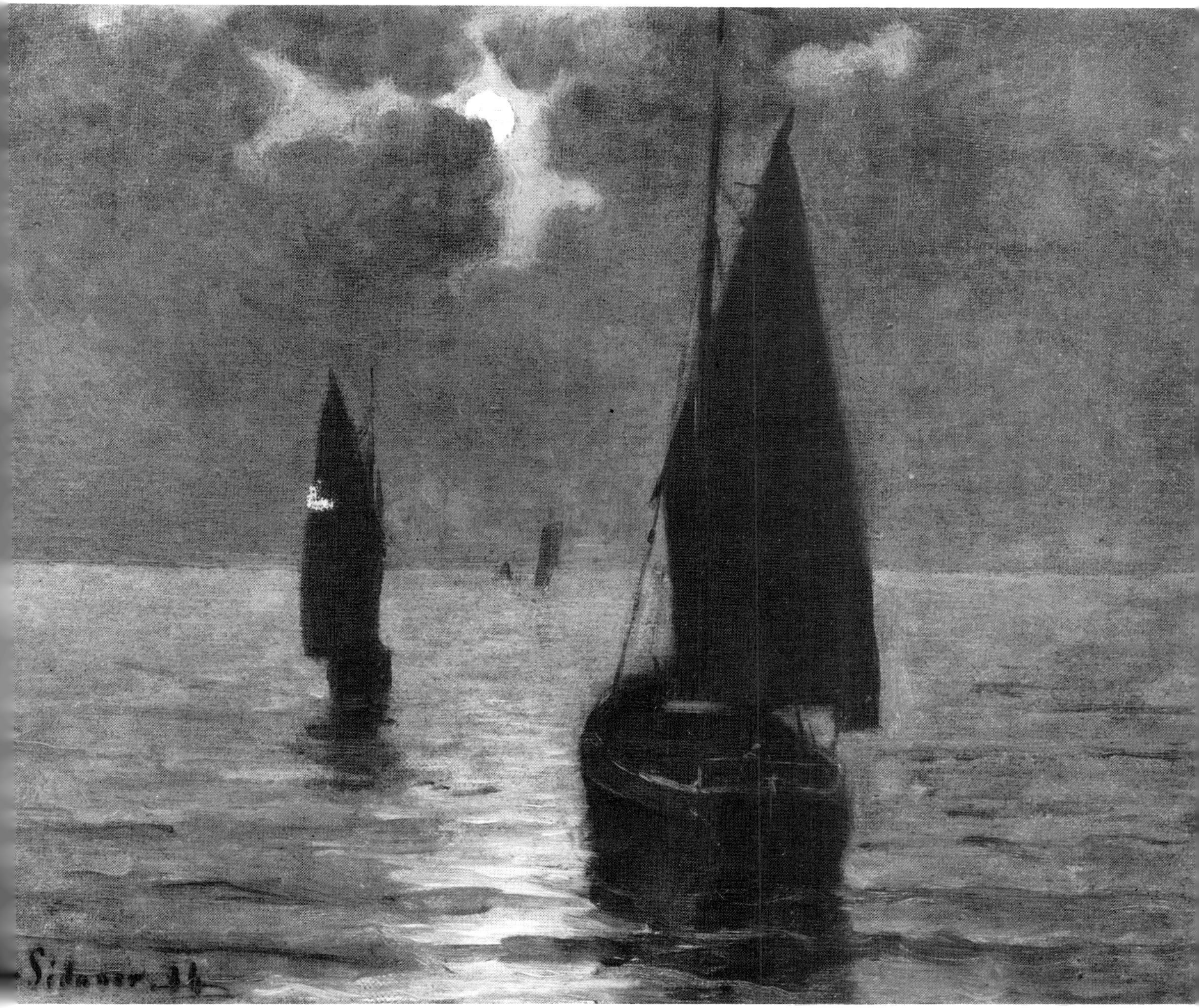

Henri Le Sidaner.
Voiliers au clair de lune.

Il n'est pas jusqu'à Charles Roussel qui n'ait tâté du nocturne comme on pouvait le voir lors de la rétrospective sur l'artiste à Tourcoing en 1987. Mais c'est sans doute chez Le Sidaner que la veine nocturne sera la plus présente et ceci dès ses premiers travaux à Etaples. *Bateaux au Clair de Lune* (1884) et un petit panneau de la même époque, *Moulin à Vent ; nocturne* (71) sont les œuvres d'un artiste déjà tourné vers les tonalités assourdies, d'un peintre amoureux du silence et de la nuit. Mais nous anticipons sur ce que sera la dominante des futures toiles de l'artiste.

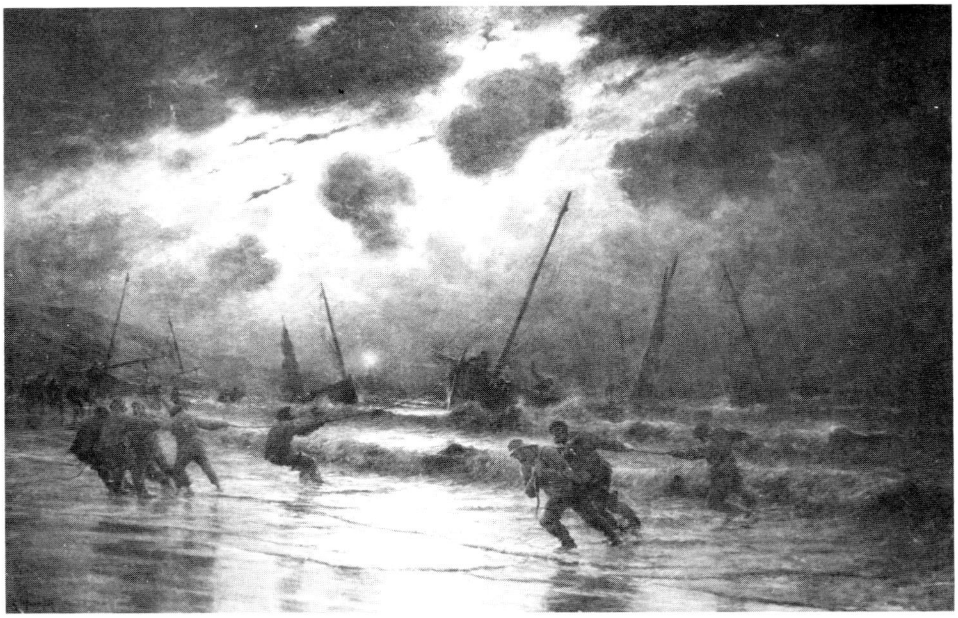

Georges Maroniez.
Retour des pêcheurs, plage de Wissant.

Les foyers artistiques sur le littoral à la fin du XIXe siècle

Les peintres d'Etaples

Vers 1880, Etaples vit arriver, en nombre de plus en plus important, des peintres qui s'installèrent dans la localité et dans les environs immédiats. A la même époque, la Bretagne connaissait un mouvement identique et les noms de Gauguin, d'Emile Bernard, de Paul Sérusier restent attachés à l'école de Pont-Aven. Sans réunir des noms aussi prestigieux, la « colonie des peintres » d'Etaples, pour reprendre l'expression de la revue *The Studio*, fit se cotoyer des artistes aussi différents que Louis Le Sidaner, Frits Thaulow et Eugène Chigot. Ce dernier eut même, comme H.O. Tanner, des élèves sur les lieux. Lorsque la région étaploise voit passer ou séjourner quelques deux cents artistes, on est en droit de s'interroger sur les raisons qui ont attiré tant de peintres. Précisons d'emblée que sous le vocable « peintres d'Etaples » sont réunis des artistes qui résidaient tant à Etaples que dans les localités toutes voisines de Trépied, Cucq, Le Touquet au sud de la Canche, ou à Camiers au Nord ou encore le long de la vallée de la Canche jusqu'à Montreuil-sur-Mer. On vivait ainsi dans la mouvance étaploise l'été durant, quelquefois l'hiver, préparant fébrilement les toiles pour les expositions et les salons.

Parmi les motivations de ce séjour, l'exemple d'illustres prédécesseurs comme Corot, Manet, Boudin, Jules Breton a dû certainement jouer ; je n'irai pas jusqu'à dire que les lieux étaient à la mode. Cependant il y avait ici une lumière, des paysages, propres à retenir l'artiste. Boudin s'est expliqué là-dessus : « (Je viens) au champ de bataille, courir après les bateaux, suivre les nuages le pinceau à la main, humer le bon air salin et voir la mer monter » (72). Le Sidaner se souvient lui aussi de son premier contact avec la région : « J'ai le souvenir le plus émouvant du jour et de l'heure où je subis l'impression inoubliable de mon arrivée à Etaples, de ce bain dans l'air et la lumière, de la sensation de vie saine et vierge qui m'attendait » (78).

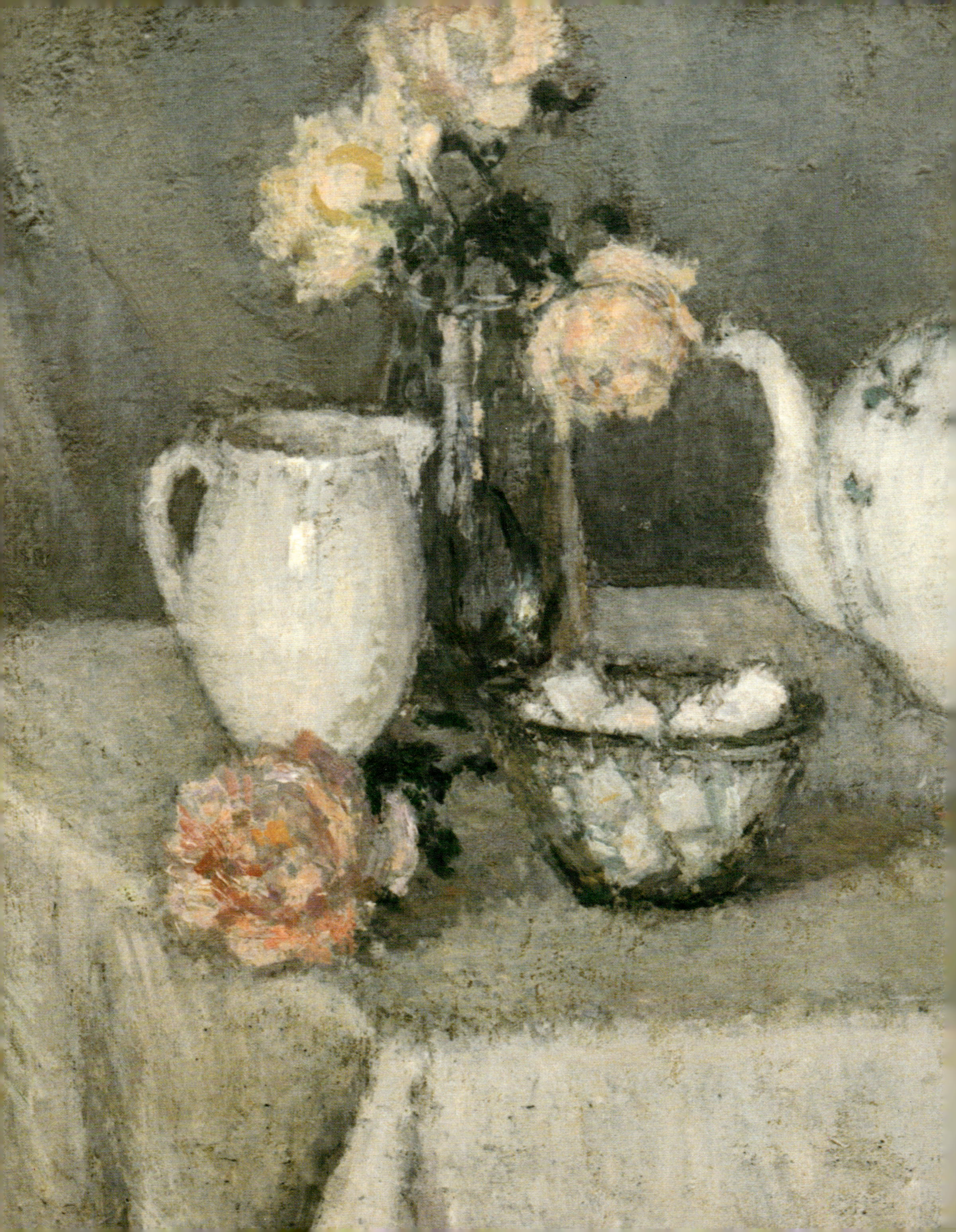

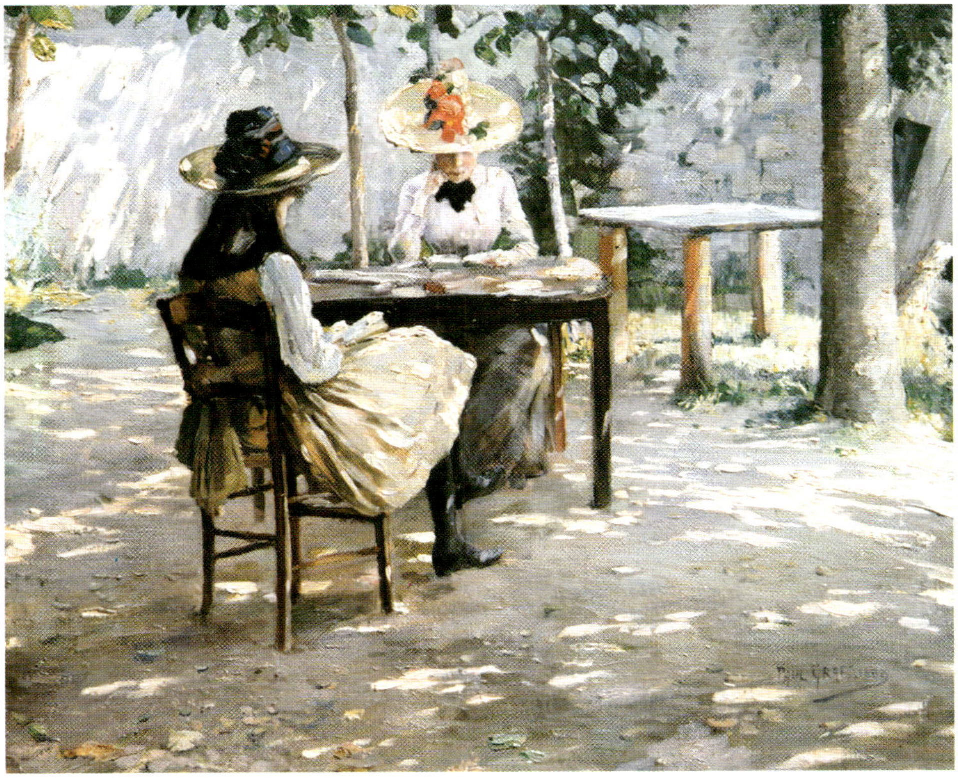

Paul Graf.
Les demoiselles Guyot au jardin.

Etaples était une petite ville de pêcheurs qui ne manquait pas de pittoresque (au sens premier) ; le quartier de la marine surtout avec sa population de pêcheurs, repliée sur elle-même, avec ses coutumes, ses costumes, ses traditions religieuses vivaces. La langue ne manquait pas d'étonner encore, un patois haut en couleur, celui de la côte jusqu'à Boulogne : « *Au r'voir min fieu* » est le titre d'un tableau de Gaston Balande. Il n'est pas exagéré de dire que quiconque arrivait à Etaples à la fin du siècle dernier, devait, toutes proportions gardées, se trouver aussi dépaysé que s'il avait atteint un autre continent. Ce sentiment se retrouve chez les voyageurs qui, au milieu du 19e siècle, parcouraient la Bretagne. Et puis les facilités de la vie quotidienne n'étaient pas étrangères à l'attraction exercée par la localité. « Nous voilà arrivés à Etaples. Maintenant il (74) aime tant ce coin que nous avons décidé d'y rester tout l'hiver. C'est un endroit charmant sur le plan artistique et la vie y est très bon marché. Nous avons une maison entière avec un grand jardin. Les modèles sont payés 40 cents par jour et M. Couse est tout à fait fasciné par cet endroit ». (75)

Pittoresque des lieux, de la population, coût de la vie assez bas, (un argument de poids pour des artistes aux revenus précaires) ; ajoutons à cela la proximité de Paris qui se trouve être à quelques heures de chemin de fer, il n'en fallait pas davantage pour transformer la localité en un lieu fréquenté assidûment par les artistes (76). Bien entendu, nous ne prétendons pas passer en revue près de deux

Henri Le Sidaner.
La tasse de thé, détail.

cents peintres aux talents très divers ; nous avons retenu parmi eux ceux qui ont acquis une relative notoriété, nous réservant une étude ultérieure plus approfondie sur les peintres d'Etaples.

Un autre trait remarquable de cette « école d'Etaples » est son caractère cosmopolite : on y rencontre des Français, Le Sidaner, Eugène Chigot, Henri Duhem, des Anglais, Hankey, Hughes-Stanton, des Américains, Couse, Tanner, Bohm, des Australiens, Bunny, Rae, Rix, des Norvégiens, Thaulow, Graf. On occupe des studios d'artistes, rue du Bac ; on prend pension chez Pannier, à la « Cité des Arts », à l'hôtel du Lac à Camiers. Cependant, l'hôtel Ioos sur la place du marché à Etaples est bien le quartier général, le lieu de rendez-vous des artistes ; il le doit à la personnalité des propriétaires qui savait retenir les artistes et valoriser leurs œuvres. Les murs de la salle du restaurant, à côté des tables dressées, s'ornent de tableaux accrochés à touche touche ; certains même, je pense aux *Saisons* (77) de Schultzberg, ont un format qui correspond à leur emplacement, du soubassement du mur jusqu'au sous-plafond ; les dimensions des toiles semblent avoir été dictées par celles de la cimaise. Avec cette colonie de peintres, Etaples a connu quelques unes de ses grandes heures et une animation culturelle intense. Dans ce microcosme artistique, les peintres se lient d'amitié, s'ignorent et même se jalousent ; précieuse est la correspondance qui se fait l'écho de cette vie quotidienne : « M. Eugène Vail est un artiste américain qui vit ici depuis dix ans. Les parents de sa femme sont très fortunés et les aident. Madame Vail se considère comme « très bien » et patronne les artistes désargentés et leurs femmes (78)... Nous avons eu un duel entre deux camarades américains. Chez nous on dirait plutôt un round. Tous deux avaient les yeux « au beurre noir ». C'était à propos d'une matelote employée comme modèle (79)... Les Dessar ont la petite maison

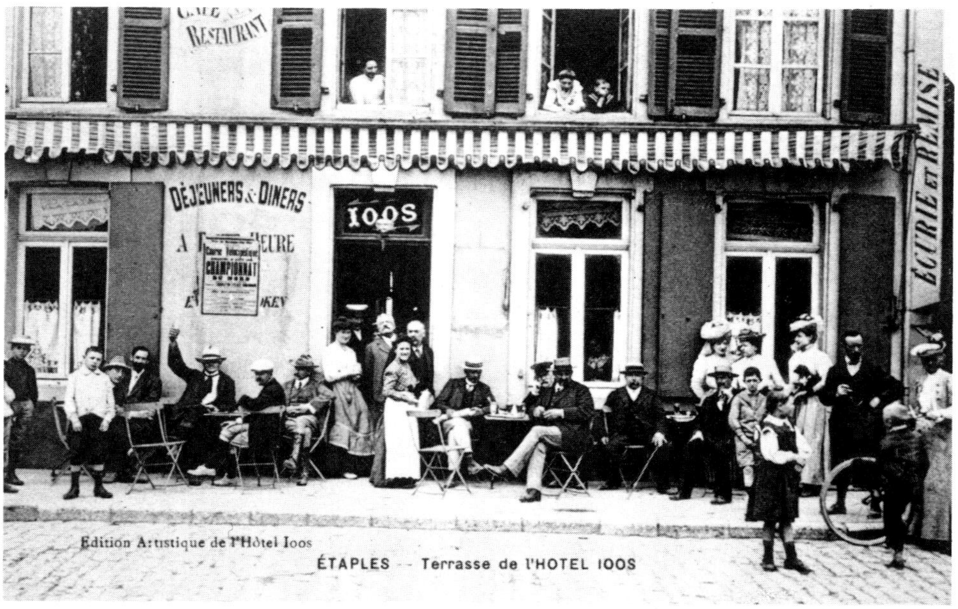

L'hôtel Ioss à Etaples.

Io Rae. *Matelote.* C. 1910.

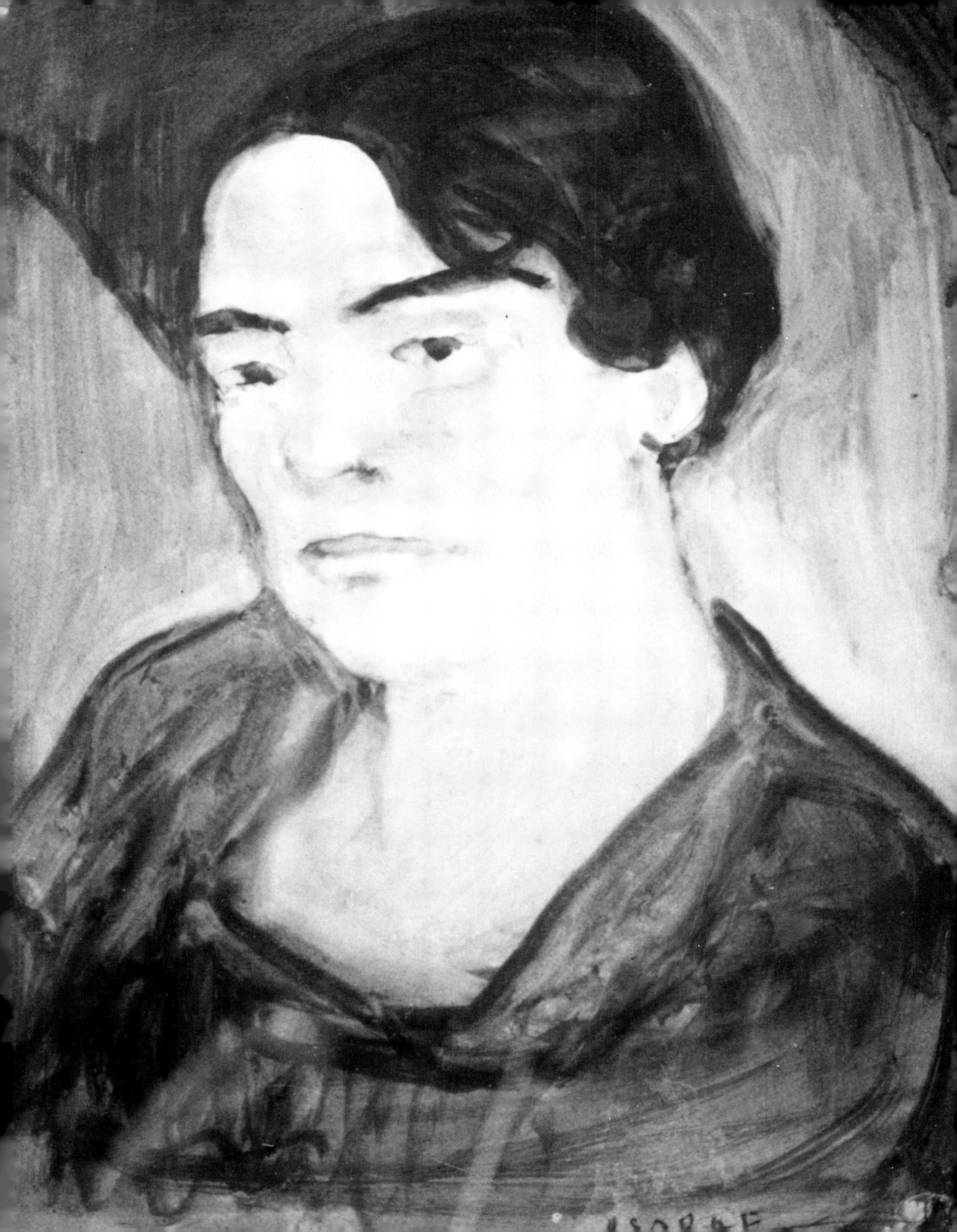

avec un beau et grand jardin avec plusieurs dépendances pour lequel ils paient seulement 75 dollars. Il y a un grand studio à l'étage. Ils pensent l'abondonner en mars. Ils ont construit une maison pour eux » (80).

Au delà des raisons matérielles qui ont pu attirer les peintres à Etaples, se posent, pour les étrangers, les motivations de leur venue en France. Dans le dernier quart du 19e siècle, on peut dire que se perpétue, aux Etats-Unis et dans beaucoup de pays d'Europe une peinture officielle, académique, dont l'hégémonie pèse de plus en plus aux jeunes artistes. En 1894, Couse a vingt huit ans, Dessar, vingt sept et Van der Weyden vingt six. Ils sortent pour la plupart des ateliers parisiens : ceux de Bouguereau, de Robert-Fleury, de Laurens ou de Constant. L'Académie Julian et l'Ecole Nationale des Beaux-Arts voient passer bien des étrangers pour lesquels Paris est « the Mecca of all art students » (81). Il semblait à ces jeunes gens, sortis des ateliers, que tout fût possible dans ce pays où l'art vivant battait en brèche l'art officiel. Si on ne pouvait se permettre toutes les audaces, du moins chacun s'exprimait-il plus librement. Aucun des peintres d'Etaples n'a fait œuvre « révolutionnaire » tout au plus ont-ils été influencés par l'impressionnisme et le néo-impressionnisme. Beaucoup eurent en commun d'être des peintres de plein air, travaillant hors des contraintes, des institutions. L'émulation jouant, il y eut même des autodidactes ; c'est dire aussi que les résultats furent inégaux.

Pendant près d'un demi-siècle (1880-1930) on peignit à Etaples et dans les environs. Cependant on peut dire que « l'école d'Etaples » connut son apogée de 1882 à 1914. En 1892, eut lieu la première exposition des peintres d'Etaples organisée par la *Société des Amis des Arts* dont Chigot était le président et Le Sidaner le vice-président ; on comptait encore parmi les membres, Henri Duhem. Quarante cinq peintres exposaient leurs œuvres dont Louis Demont, Dessar, Paul Graf, G. Maroniez, Iso Rae, Schultzberg, Tattegrain, Thaulow, en plus des artistes déjà cités. Après 1900, les expositions ont lieu au Touquet ; celle de 1904 se déroule près du château et elle est placée sous le « haut patronage de M. Duréault,

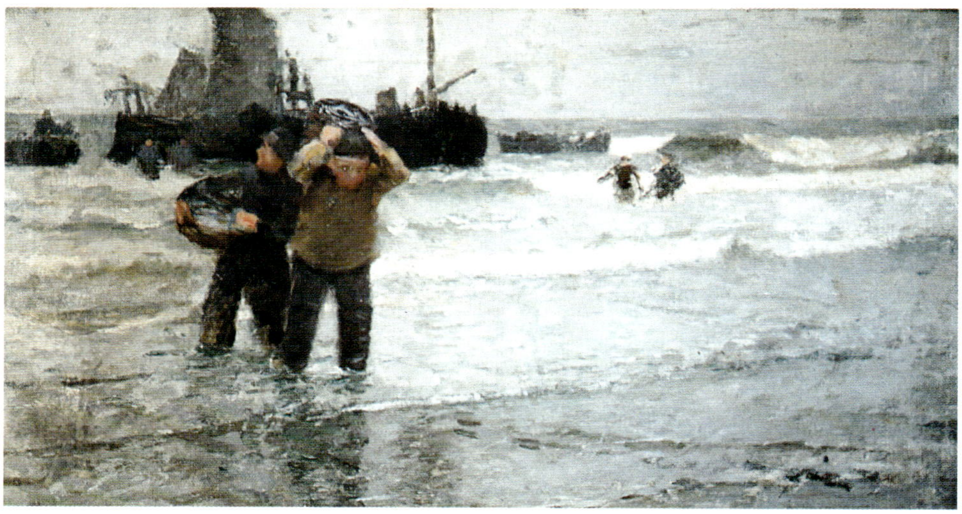

Eugène Vail.
Mer du Nord.

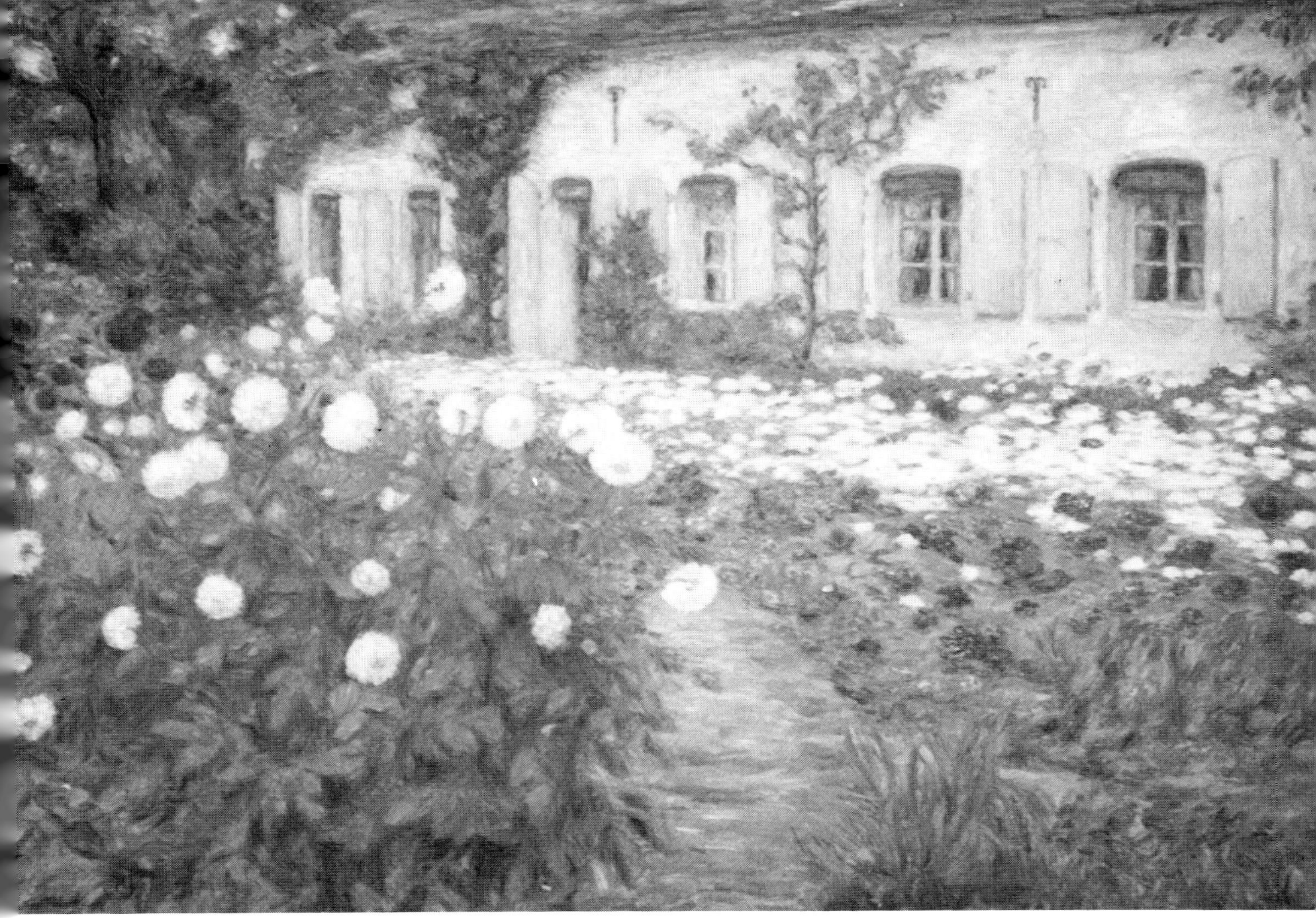

Marie Duhem.
Jardin de campagne.

Préfet du Pas-de-Calais ». Le rayonnement de « l'école » s'en trouve affirmé. En 1909, la salle paroissiale accueille les exposants et en 1910, devant le succès rencontré, on décide que l'exposition sera désormais annuelle, le livret du salon précise « qu'un bureau spécial sera réservé pour les achats ». Suivent les expositions de 1911, 1912, 1913 et 1914 où la Société Artistique de Picardie présente 223 œuvres de 89 artistes.

La Première Guerre Mondiale disperse les artistes. H.O. Tanner doit s'enfuir en Angleterre, abandonnant dans son atelier de Trépied ses toiles aux mains des envahisseurs. Après la guerre, le mouvement artistique se déplace au Touquet qui

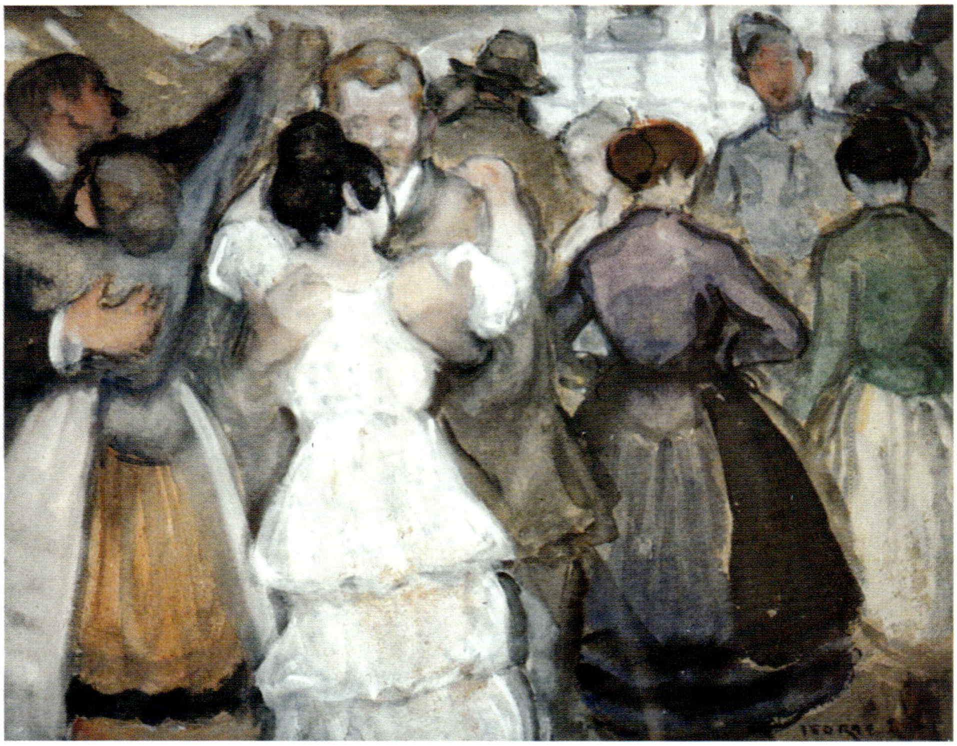

Iso Rae.
Bal à Etaples.

connaît une brillante période d'activité balnéaire et mondaine ; il n'est que de voir les expositions organisées. Déjà en 1914 s'était constituée la société des « Anciens d'Etaples » avec Chigot et Jules Adler. En 1930, on constate avec nostalgie que « la monotonie niveleuse de la civilisation a ôté à notre ville sœur (Etaples) de son pittoresque et les costumes d'antan n'y sont plus guère portés ». (82)

CHIGOT

Eugène Chigot vint à Etaples en 1887 et demeura dans la région jusqu'en 1900. On raconte qu'il serait descendu du train à Etaples par inadvertance alors qu'il allait à Boulogne-sur-Mer et que trouvant la localité agréable, il y serait resté. Je ne cite cette anecdote que dans la mesure où elle me semble très révélatrice du bonhomme, de son caractère. Il retrouve à Etaples Le Sidaner qu'il a connu à l'Ecole des Beaux-Arts à Paris. Son ami était déjà Etaplois depuis 1884. Chigot, homme très remuant, loge rue de l'église puis près de l'ancien calvaire des marins situé sur le port, dont il a laissé un tableau (83). Ses qualités de peintre alliées à sa faconde et à sa sociabilité eurent tôt fait de porter Chigot aux honneurs et aux responsabilités. Il est le président de la Société des Amis des Arts qui organise la première exposition de peinture à Etaples. C'est à cette date qu'il peint *Echouage par gros temps* (84). En 1895, Chigot quitte Etaples pour le Touquet et réside au pavillon St Josse, en face de l'hôtel des Dunes, à l'angle des rue de Paris et Duboc. Il organise l'exposition de ses œuvres et celles de ses amis Le Sidaner et Paul Vayson. Même si, après 1900, il gagne Petit-Fort-Philippe, il reste en contact étroit avec ses premières attaches étaploises et touquettoises puisqu'il est encore vice-président de la Société Artistique de Picardie en 1914. Bien que son œuvre soit très dispersé, on sait néanmoins qu'il a peint à Etaples, à Camiers chez les Duhem, à Montreuil avec Thaulow, à Maresquel chez les Guyot (propriétaires alors des papeteries), enfin à Berck. On peut affirmer qu'il a été l'âme de cette « école d'Etaples ». Des œuvres comme la *Pêcheuse de crevettes* (85), *La baie de Canche, marée haute* (86), *La maison au bord de l'eau* (87) d'une facture impressionniste, sont de beaux morceaux de peinture plus proches de notre sensibilité que *Perdus au large* (musée de Nantes) ou *Fuyant l'invasion* (musée de Charleville).

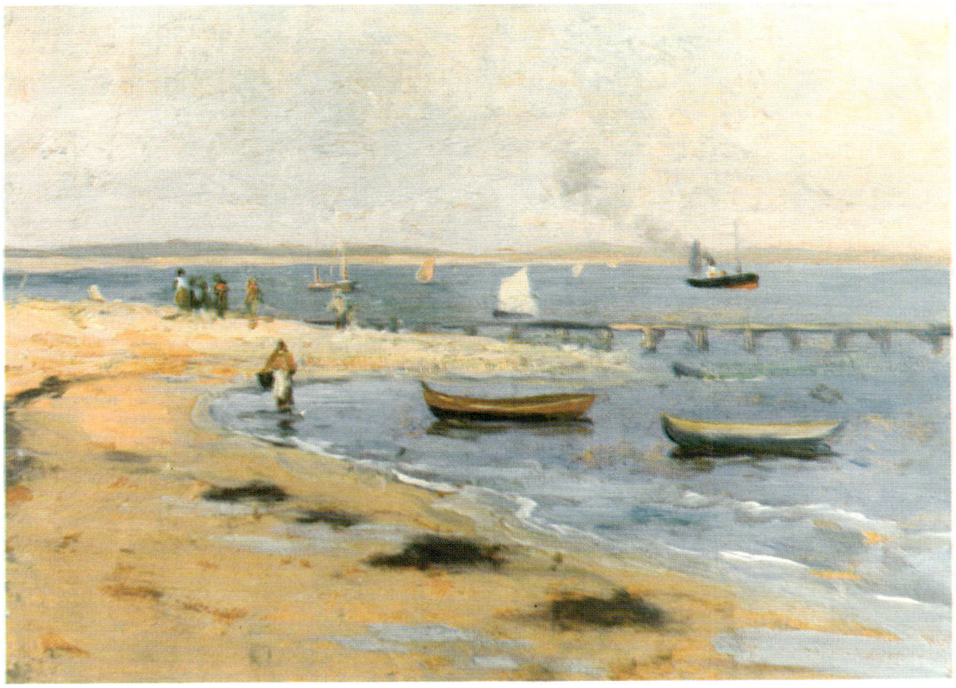

Eugène Chigot.
La pointe du Touquet, marée haute.

THAULOW

Frits Thaulow mérite une place de choix parmi les artistes qui travaillèrent dans « la mouvance étaploise ». Lorsqu'il arrive dans la région – c'est à Camiers en juillet 1892 – Thaulow a quarante cinq ans et il est un artiste connu dans son pays natal. En Norvège, il est celui qui a ouvert, dix ans plus tôt, la peinture aux tendances nouvelles, celles de l'école de plein air ; il a osé une libération de la couleur au sein d'un milieu fortement marqué par le romantisme allemand ; il est l'initiateur d'un « mouvement d'affranchissement que Munch allait promouvoir peu après » (88). A Camiers, Thaulow loge à l'hôtel du Lac ; la localité à quelques kilomètres au nord d'Etaples était accueillante aux artistes. Les Duhem y recevront le peintre norvégien. *Camiers* (89) et *Camiers la nuit* (90) sont deux œuvres réalisées durant ce premier séjour. Dans *Camiers*, la vue est prise d'une colline voisine dominant le lac, une scène de moisson occupe l'essentiel du tableau où peu d'espace est laissé à un ciel lourd d'orage dans une gamme saturée de jaune et de rouge. *Camiers la Nuit* est l'un des nombreux tableaux nocturnes que Thaulow réalisa dans la technique du pastel ; elle permet de rendre l'extraordinaire « lumière » d'une nuit d'été. En septembre de cette année 1892, Thaulow gagne Montreuil-sur-Mer où il retrouve ses chères rivières aux eaux miroitantes. On explique ce goût par l'admiration qu'il portait à un autre peintre de l'eau, Claude Monet. Pendant le mois d'octobre, il peint *les Moulins de Montreuil,* (91) superbe tableau à la mise en page originale : une passerelle, longue diagonale, creuse l'espace et domine la masse des eaux argentées ; des meuniers tout de blanc vêtus pêchent, appuyés à la rambarde ; dans le fond, les moulins du Bacon. *Montreuil la Nuit* (92) est une vue de la cavée St Firmin exécutée pendant le dernier long séjour de l'artiste de juin 1893 au mois d'avril 1894. Les tonalités d'un bleu profond, velouté, ne sont pas sans évoquer les œuvres intimistes de son ami Henri Le Sidaner.

Quand il quitte notre région au printemps de 1894, Thaulow part vers d'autres rivières en Normandie, vers la Dordogne à Beaulieu et la Somme à Amiens (93). Répondant à l'attente du public, il peint ces cours d'eau, hiver comme été, avec une palette d'une grande fraîcheur. De l'impressionnisme, il garde cette volonté d'être en contact avec la nature sans pour autant pratiquer comme Monet, dans sa division du ton, la dissolution de la forme. Il a une palette, une mise en place des éléments qui donnent à ses tableaux une facture inimitable.

Si l'on s'en tenait à l'explication géographique de l'attrait pour Etaples, on pourrait croire que tous les peintres furent des maristes pour reprendre un vocable un peu désuet. Il n'en est rien cependant lorsqu'on regarde la production des artistes. On s'aperçoit alors que tous les genres ou presque furent représentés.

Bien entendu, la scène de port, la vue de plage demeure un thème privilégié et l'animation en renforce le charme et l'intérêt : Jules Adler traduit sur les visages des femmes de pêcheurs l'inquiétude de *L'Attente* (94) ; E.I. Couse regarde s'éloigner une *Femme et son Enfant près de la Canche* (95) dans un poudroiement de lumière dorée. Gaston Balande aime les arrivées et les départs des bateaux avec un grand mouvement de voiles qui claquent au vent et de barques qui s'entrechoquent : *Les Bateaux* (96) et *Le retour de la pêche à Etaples* (97) sont des vues

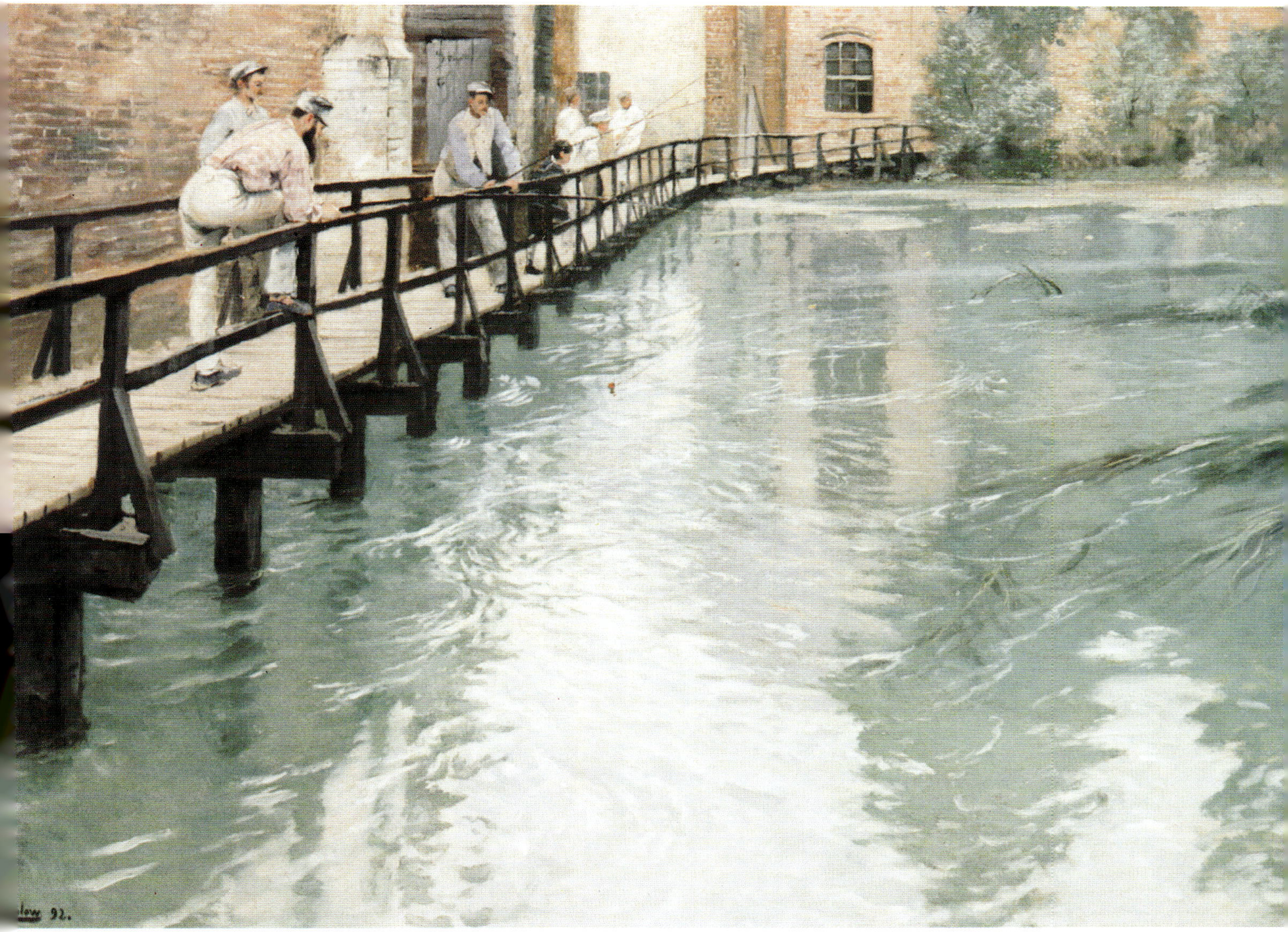

Frits Thaulow.
Les moulins de Montreuil-sur-Mer. 1892.

plongeantes comme Marquet les affectionne. Des scènes rassemblent des foules, décrivent des cérémonies religieuses liées à la mer comme *La Bénédiction de la mer* (98) de Le Sidaner ; plus intime et plus poignante, *La Communion in Extremis* (99) témoigne de la crise mystique que traverse alors le peintre.

Avec *La Toussaint à Enocq* (100) Eanger Irving Couse recrée dans des tonalités adoucies de mauve et de rose, une atmosphère digne des peintres anglais du préraphaélisme finissant, celui d'un Ford Madox Brown (1821-1893) ou d'un Burne-Jones (1833-1898).

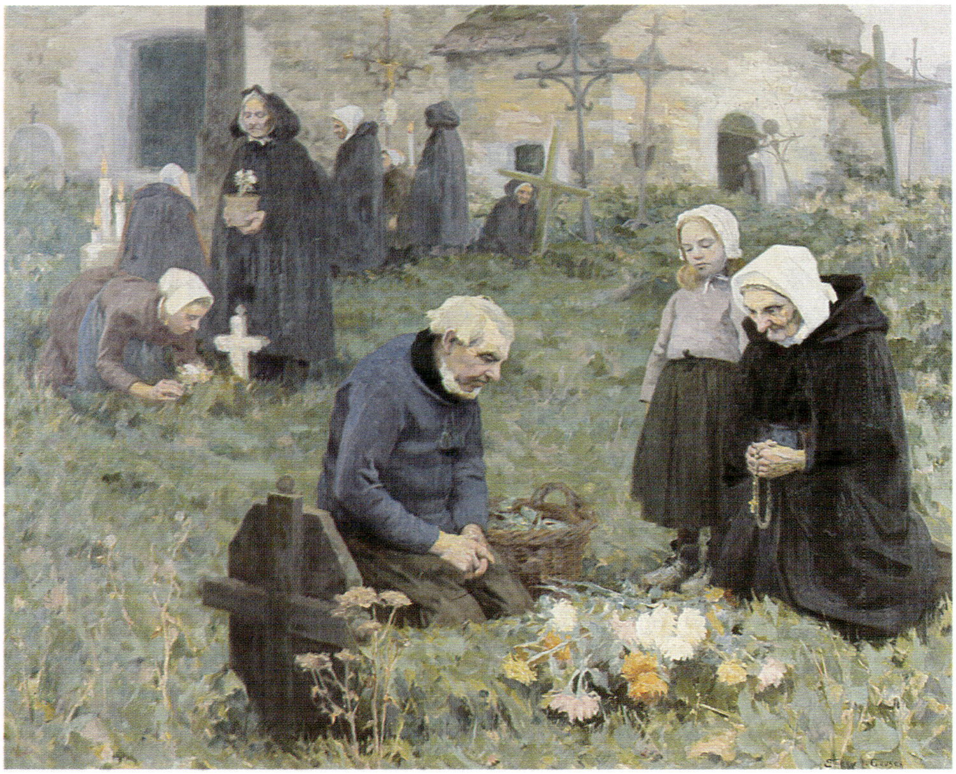

Eanger Irving Couse.
La Toussaint à Enocq. 1895.

Plus oniriques sont *Les Anges de la Première Communion* (101) de Jules Wengel pour lesquels l'église de Beutin servit de décor à « une page de belle croyance traduite en de vives et poétiques couleurs » (102). Henry-Osawa Tanner (1859-1937) trouve son inspiration dans la bible sans pour autant situer ses scènes comme le fait Jean-Charles Cazin. *La Fuite de Paul* et *Après la Trahison (Pierre)* sortent de l'atelier du peintre à Trépied (103), sans référence topographique.

Le portrait tient aussi une place d'honneur et bien des artistes ont affronté les difficultés du genre ; il ne manquait pas sur les lieux de figures pittoresques capables de tenter un peintre et comme les séances de pose étaient peu coûteuses...

Dans ce domaine on peut retenir les noms de Iso Rae, Myron Barlow, Chester Hayes, Henri Breard sans pour autant épuiser la liste. Chez les artistes, on pratique le portrait mutuel. Marie Duhem et Paul Graf font le portrait de Le Sidaner (104). Eugène Chigot expose quatre portraits au « Salon » de 1892. Les scènes d'intérieur sont peu nombreuses : si les peintres avaient toute latitude de choix dans leurs sujets d'extérieurs, sans doute leur était-il plus difficile de pénétrer dans les maisons particulières. Couse peint une délicate *Maternité* (105) à un moment où son épouse lui donne un fils. Jules Wengel, Robert Reid et Eugène Vail aiment

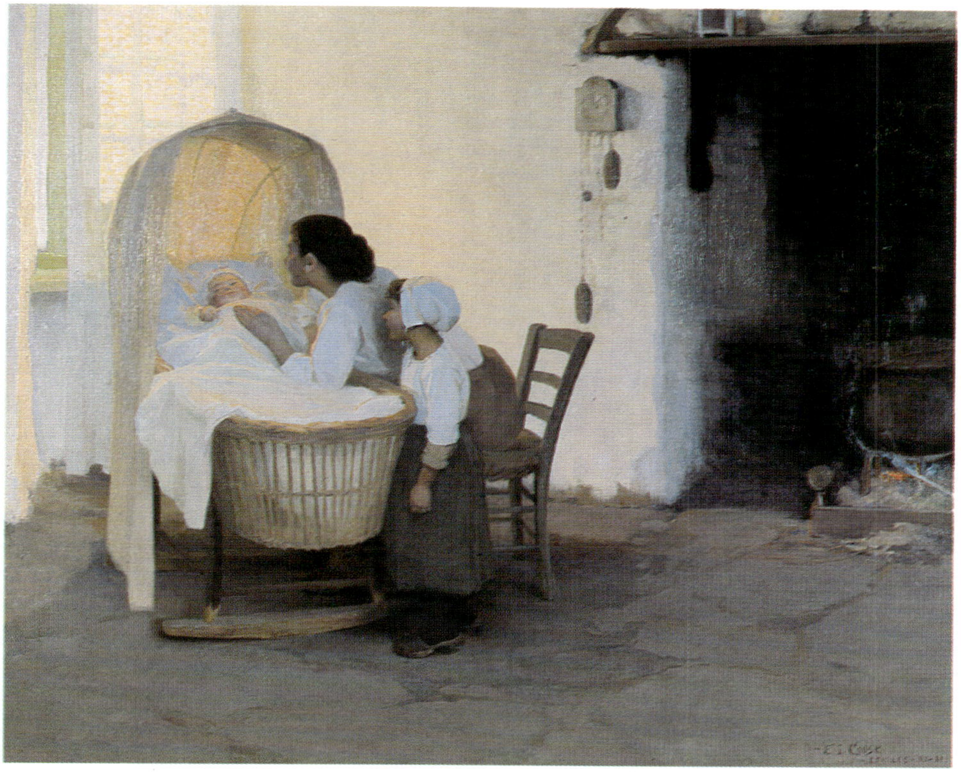

Eanger Irving Couse. *Maternité.* 1894.

l'animation du marché qui attirait déjà à l'époque des foules nombreuses ; « Enfin, dominant tout ce tableau singulier, vous apercevez assis sur les marches de l'Hôtel de Ville, une demi-douzaine de types, la pipe à la bouche, contemplant toute cette population qui grouille. Ce sont les artistes anglais, américains, suédois que sais-je ? de la colonie étaploise en train de recueillir des impressions et en quête de trouver une inspiration. De temps en temps, l'un d'eux sort un album de sa poche et y couche un croquis à la hâte. Puis c'est fini, l'album reprend le chemin de la poche et la rêverie recommence. Cependant à l'extrémité du marché, toute une école d'artistes fonctionne en plein air. Une rangée de ces messieurs parmi lesquels plusieurs dames, sont adossés contre le mur et traitent ensemble le même sujet avec une interprétation diverse » (106).

Le groupe de Wissant

Qui prend la Route des Deux Caps, de Boulogne à Calais, ne manque pas d'être impressionné par la beauté du paysage, la mouvance des dunes et la proximité de la mer que l'on devine derrière les oyats ondulant sous le vent. Plus on avance et plus joue l'effet de dépaysement ; les agglomérations rapetissent : Wimereux, Ambleteuse, Audresselles et Wissant enfin où l'on accède dans un endroit plus sauvage encore, je dirais volontiers plus « nature ». Les maisons se tassent et, dominant la mer de sa masse sombre, se dresse le Typhonium, la demeure qu'Adrien Demont s'est fait construire au début du siècle et où il a réalisé l'essentiel de son œuvre. Par une journée ensoleillée de juin on se croirait aisément à cent lieues du Pas-de-Calais et de la Manche. Dans les venelles l'air est chaud, quoiqu'il ait gardé toute sa légèreté, un air fortement iodé qui vous tourne la tête ; et l'on retrouve dans la rue qui descend vers la mer les mêmes têtes blondes que peignit Virginie Demont-Breton, l'épouse du peintre, dans ses grandes compositions comme *La plage* (107) ou *Dans l'air Pur* (108). On s'accorde facilement pour dénoter avec Adrien Demont, un caractère exotique aux lieux. Aujourd'hui encore, le Typhonium dont l'entrée est annoncée par les deux bustes en bronze des artistes, gardiens tutélaires du domaine, est entouré de bruissements de chants d'oiseaux qui incitent au silence. Dans cet endroit volontairement isolé, « vierge de chalets d'un accès difficile, éloigné de toute gare..., (ils avaient) toute garantie pour ne pas être envahis par les gens étrangers au pays » (101). Adrien Demont et son épouse Virginie animèrent là ce que l'on a appelé l'« école de Wissant ».

Adrien Demont naquit à Douai dans une famille bourgeoise (son père était notaire) qui destinait le fils à une carrière de juriste. Mais après des études de droit,

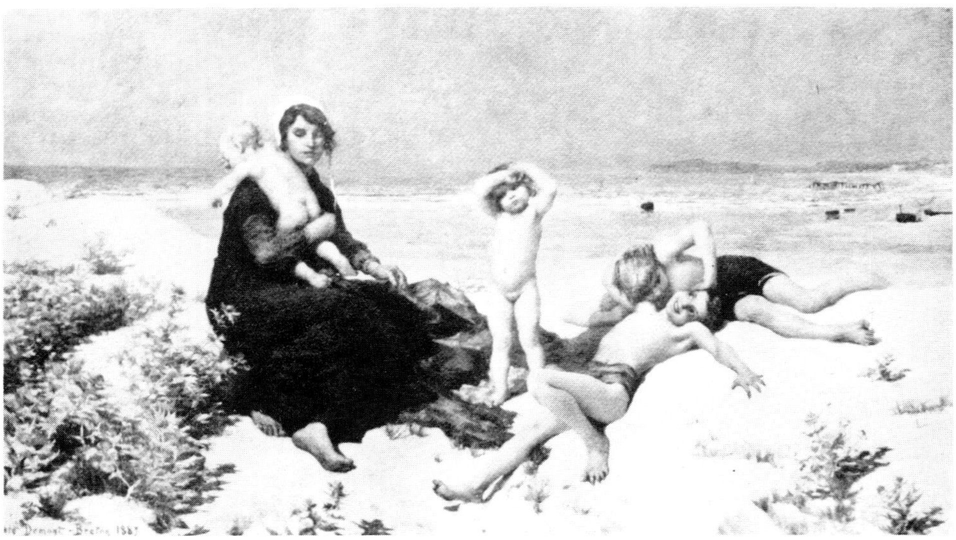

Virginie Demont.
La plage. 1883.

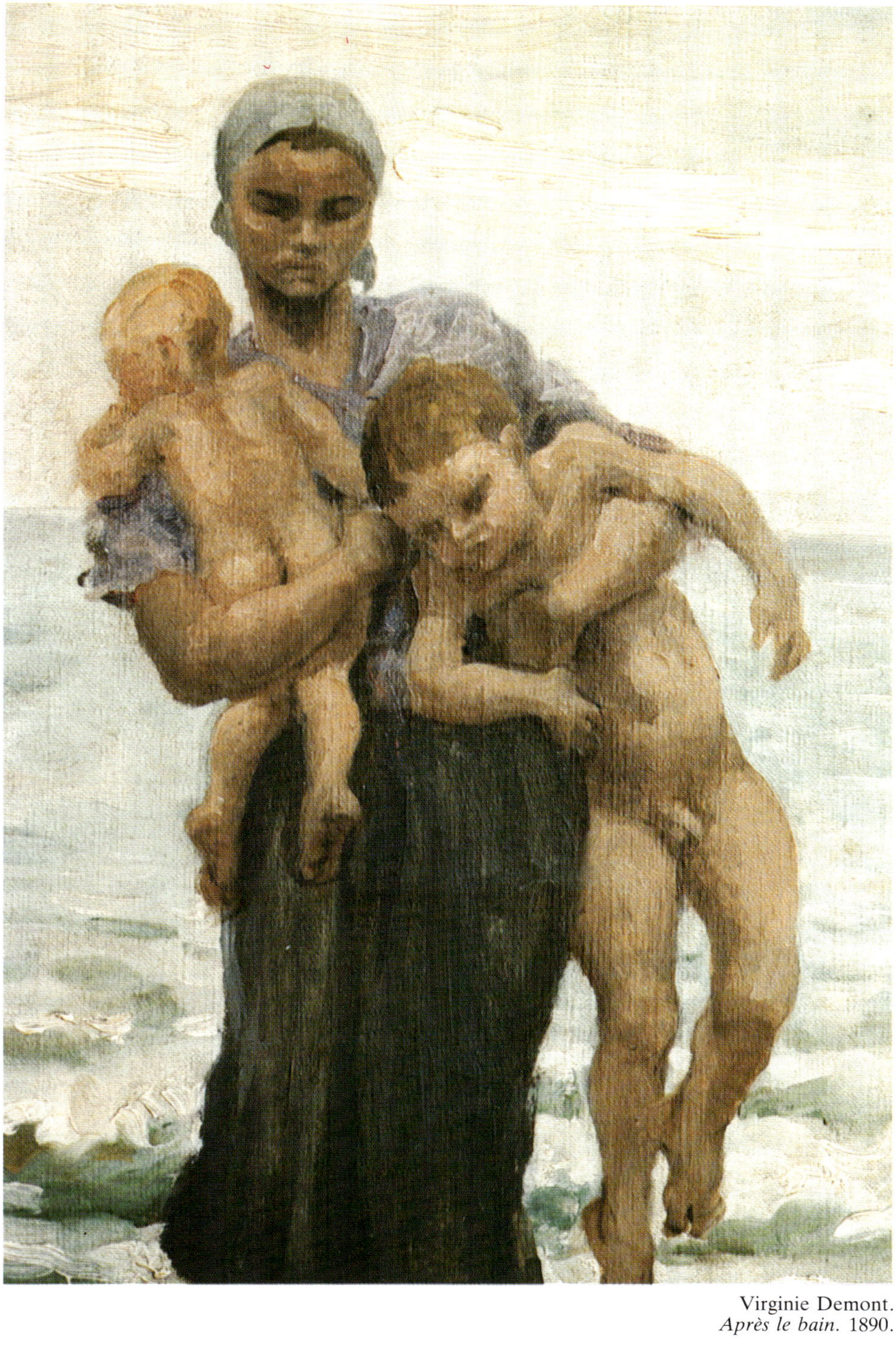

Virginie Demont.
Après le bain. 1890.

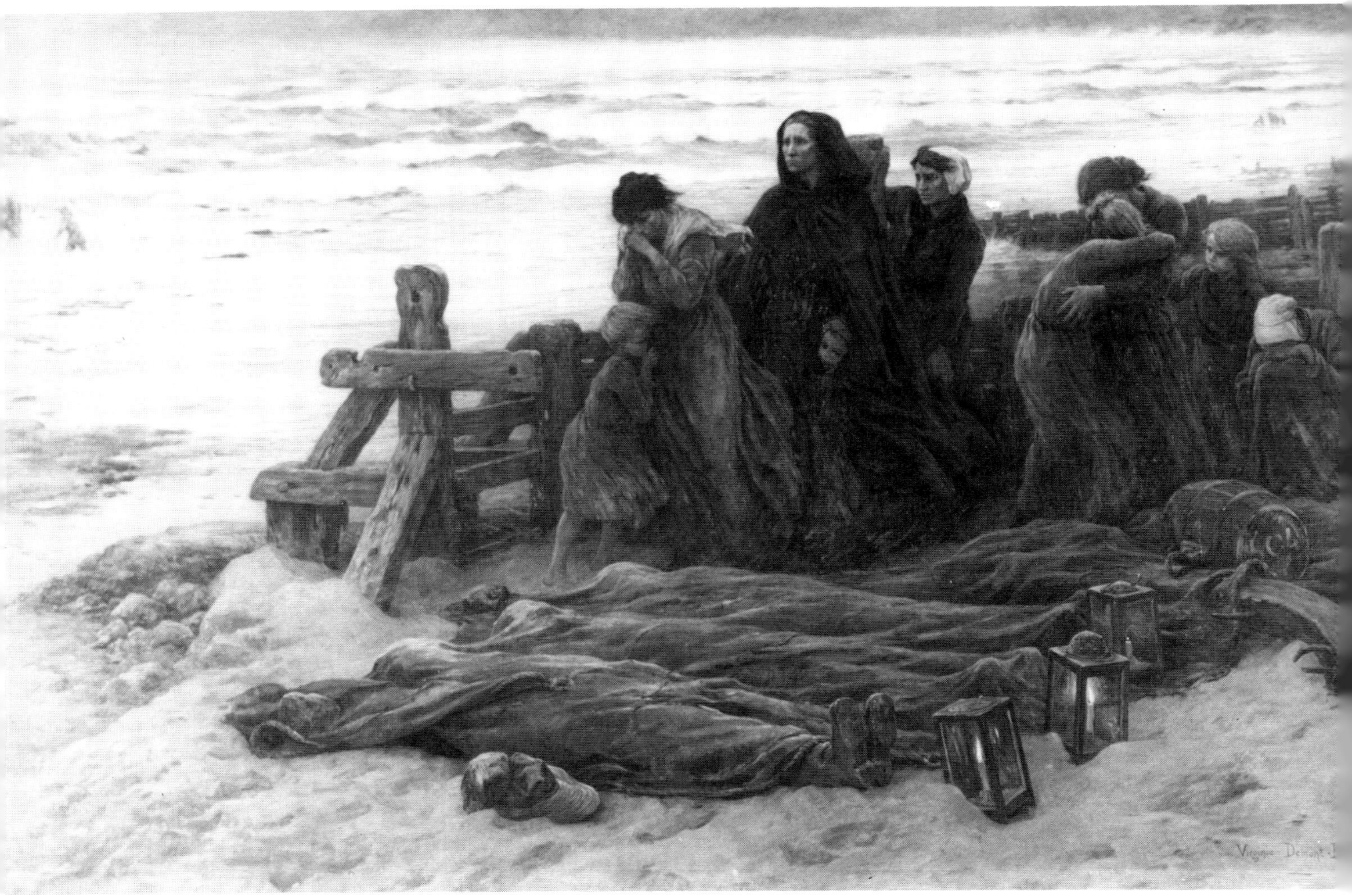

Virginie Demont.
Les tourmentés.

il s'orienta vers la peinture, connut Corot à Arleux près de Douai. A Courrières, il fut l'élève d'Emile Breton dont il épousa la nièce, Virginie, en 1880. Elle avait vingt et un ans et obtenait l'année de son mariage une mention honorable au Salon. Si l'on ajoute que le père de Virginie était Jules Breton, son grand-père maternel le peintre Felix de Vigne, on aura une idée assez précise du milieu artistique dans lequel les talents des artistes s'épanouirent. Grâce à un oncle ingénieur pour le tunnel sous la Manche, le couple connut Wissant et fut immédiatement conquis « par une vision de la terre promise ». Et puis, ajoute Adrien, « Wissant, au point de vue de notre art, avait un autre attrait ! La population très primitive, un pays varié pas gâté par l'industrie, de belles ondulations de terrain et une mer qui, selon les vents, passe du bleu intense des beaux jours aux tons jaunâtres des tempêtes, et des ciels héroïques que je n'ai jamais vus si beau ailleurs » (110). En 1890, le couple Demont-Breton s'installa à Wissant et y vécut de façon régulière. On peut dire qu'à partir de cette date, l'œuvre des Demont est d'inspiration purement artésienne. Le littoral de la côte d'Opale, ses paysages sont les sites de leurs travaux (111).

Virginie Demont peint surtout la femme et l'enfant dans leurs occupations quotidiennes : scènes de plages, baignades, femmes de pêcheurs. Ce n'est pas la femme de Millet de la *Précaution inutile* mais la Mère à qui le peintre accorde une force, une noblesse telle qu'elle apparaît comme une entité, un sympbole. La mère chez Virginie Breton, c'est toujours un peu la Divine Mère et les enfants ont aussi un caractère presque divin. Cette perception est sensible dans *Le Colombier d'Isa* (112) ou *Le Divin Apprenti* (113). Des œuvres comme *La Plage* (114) ne donnent qu'une idée partielle de son talent. Les études préparatoires *Tête d'Enfant* (115) et *Après le bain* (116) montrent le caractère « mâle » de l'artiste, la force de la touche, une fermeté qui ne transparaît pas toujours dans l'œuvre finale. Dans l'esquisse, on sent davantage le sentiment de sympathie qui porte l'artiste vers son modèle. Les

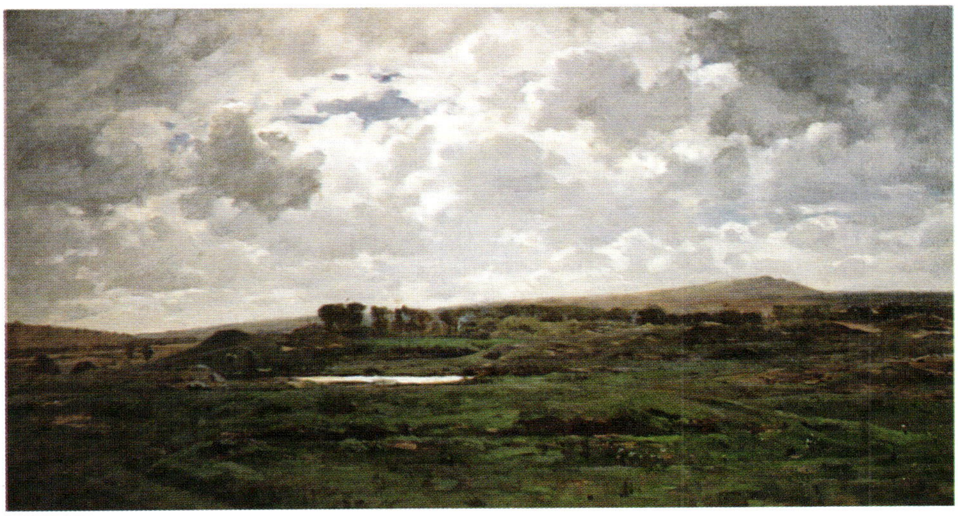

Adrien Demont.
Le mont Couple.

personnages de Virginie Demont sont, pourrait-on dire, de la pâte du père, Jules Breton, dans la vigueur de leur stature, dans leur « athlétique apparence ». Au vu des œuvres, on ne peut s'empêcher de penser aux voisins des Demont, les Cazin à Equihen, et à leur communauté de préoccupations, de thèmes, d'intérêts, de lectures : la Bible (Agar) ou la mythologie. Enfin des toiles comme *Les Tourmentés* (117) sont empreintes d'une grandeur poignante qui ont des accents de tragédie grecque.

Tout autre est Adrien Demont que l'on sent plus rêveur, plus transporté par le sujet, par les intentions. Et bien qu'on l'ai dit peu influencé par Corot qu'il cotoya à Palluel et à Arleux, je ne peux m'empêcher de voir quelques réminiscences du maître de Ville d'Avray dans les paysages où Adrien Demont saisit des effets de brume comme dans *Camp de César à Wissant, la Nuit* (118), brumes qui se coulent dans les vallées et ne laissent apparaître que le moutonnement des collines. *Les Danaides* (119) témoignent d'un artiste visionnaire digne émule de William Blake transposant, tout comme le fait Cazin à Equihen, la scène mythologique dans le cadre de notre littoral, ici le Cran-aux-Œufs. Dans *Le Mont Couple Près de Wissant*, (120) un grand coup de soleil vient éclairer le paysage, trouant les nuages et rappelant que le peintre de Wissant a aussi regardé les œuvres du grand paysagiste Rousseau.

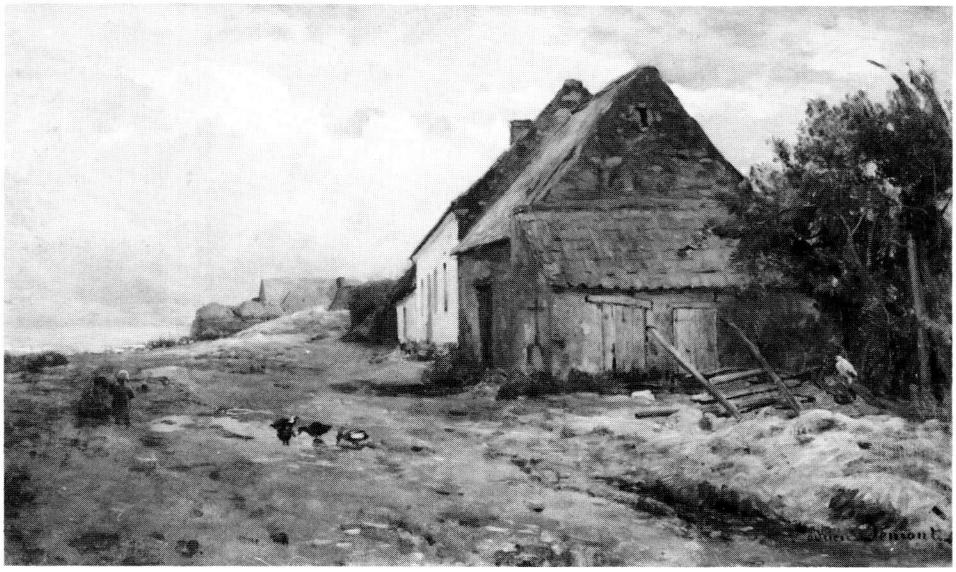

Adrien Demont.
Ferme à Wissant.

Parmi les élèves d'Adrien Demont, on cite les noms de Stievenart, de Felix Planquette et de Georges Maroniez. Ce dernier me paraît le plus digne d'intérêt non seulement parce qu'il fut un familier des Demont à ses débuts, mais surtout parce que son œuvre de peintre est méconnue et n'a pas reçu l'attention qu'elle mérite ; nous voudrions essayer en quelques lignes de réparer cette injustice.

Georges Maroniez, douaisien tout comme Adrien Demont, passa lui aussi dans l'atelier de Pierre Billet à Cantin et, lassé de sa charge de juge d'instruction à Cambrai et à Boulogne-sur-Mer, finit par se consacrer entièrement à la peinture. A Wissant, auprès de Demont, il entra en amitié avec les Duhem et Planquette. Son intérêt pour la côte boulonnaise a donné matière à d'innombrables scènes de pêche, de retours de pêcheurs : il aime la grève mouillée luisante sous la lune où les hommes chargés de filets ou de panniers regagnent leurs demeures (121). Les titres

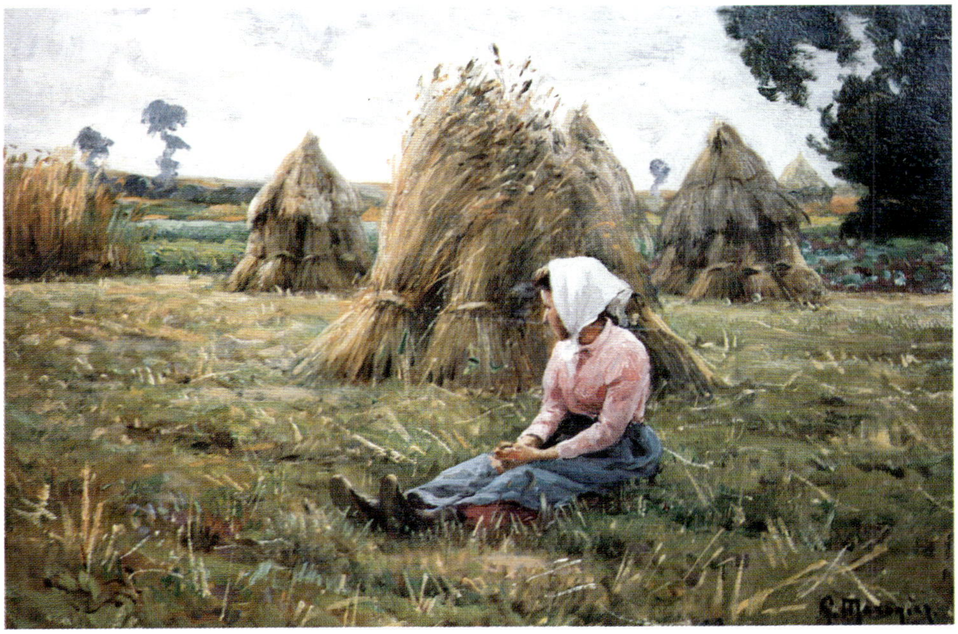

Georges Maroniez.
Les meules.

des œuvres exposées aux Salons donnent quelque idée de ses thèmes : *Sur la Plage de Berck ; la nuit* (1909), *L'Inquiétude* (1910), *Braves gens* (1911) ou encore *Une Eclaircie* (1912). Mais il serait incomplet et même injuste de limiter Maroniez aux marines. Il est aussi l'auteur de scènes de travaux des champs dans la lignée de Jules Breton. Sa *Laitière* (122) n'est pas sans rappeler de Roll, *Manda Lamettrie. Les Meules* (123) que nous reproduisons donnent une juste idée de cette veine, celle d'un artiste qui ne fut jamais à cours d'inspiration.

Quelques peintres de Berck

De multiples raisons ont attiré les artistes à Berck. La ville dut sa prospérité à la création des établissements hospitaliers dans la deuxième moitié du 19e siècle ; les qualités climatiques des lieux attiraient des malades de toute la France et bien souvent les familles accompagnaient les enfants. Il faut ajouter la beauté du pays et l'existence d'une marine berckoise très active. L'absence de port, les conditions naturelles, obligeaient les bateaux à s'échouer sur la grève et aux yeux de tous, se déroulaient les diverses activités liées à la pêche. Il y avait là matière à retenir les peintres. En dehors de Manet et Boudin déjà étudiés, nous avons gardé les noms de Tattegrain, Roussel, Nozal, Trigoulet et Laronze (124).

Francis Tattegrain est, des peintres berckois, le plus connu, le plus populaire. La carte postale a diffusé les œuvres de l'artiste et l'image du peintre travaillant dans son atelier. Il est à Berck pour des raisons de santé en 1865 et fréquente l'atelier de Louis-Napoléon Lepic qui le conforta dans sa vocation de peintre. A vingt sept ans il expose au Salon. Tattegrain a abordé beaucoup de genres avec des bonheurs divers. On peut oublier sa peinture d'histoire : *Le Gué d'Etaples* évoque, dans la manière d'Alphonse Chigot, l'exode des Boulonnais fuyant les armées anglaises vers la Picardie en 1544, un « morceau de bravoure » comme on les aimait à la fin du siècle dernier. *Louis XIV au champ de bataille des dunes* du musée de Dunkerque n'ajoute rien à la gloire de l'artiste. Toute autre est *La femme aux épaves* (125) au réalisme saisissant. Une jeune femme s'avance vers le spectateur, pieds nus, en haillons, chargée des débris que la mer a rejetés. Dans sa gamme de tons assourdis, la toile est un véritable portrait parfaitement réussi dans sa monumentalité. Tattegrain portraitiste ne laisse pas d'être attachant. Sa série en petit format des pensionnaires de l'Asile Maritime est de la lignée d'un Daumier. Grande finesse d'analyse dans son autoportrait dédié à Charles Lebeau ou dans les traits de *Tiot Frère Nanane* (126). Il y a enfin l'excellent paysagiste. Il a parcouru tout le littoral de Berck à Wissant où il ne manquait pas de rendre visite aux Demont. Adrien Demont se souvient des passages de Tattegrain : « Le Cran-aux-Œufs... est une émouvante solitude où la mer en se retirant laisse une plage mouvementée de galets rangés par grosseur... Nous avions le grand plaisir d'y rencontrer notre cher ami Francis Tattegrain car il nous prévenait toujours par une carte postale en style patoisant, pour nous y donner rendez-vous. Il partait de Berck à cinq heures du matin et, lorsque nous arrivions en carriole vers neuf heures, nous le trouvions au travail, dans la falaise où l'on se disait bonjour de loin. Le voyage de Berck au Cran-aux-Œufs est pénible, le chemin de fer n'allant que jusqu'à Wimereux où il faut prendre une patache pour Audresselles, village encore éloigné de trois ou quatre kilomètres, qu'il devait faire à pied. Tattegrain était dur pour lui-même : pour peindre, il s'asseyait simplement sur un tout petit morceau de toile cirée qu'il posait sur la roche et quand le temps était gris, que son effet était fixé, il restait assis sur cette pierre jusqu'à quatre heures du soir, heure où il devait, par le même moyen, retrouver Berck, et il n'avait pris, comme nourriture, qu'une tartine beurrée qu'il avait en poche » (127). Tattegrain, homme de terrain, nous montre de tendres ondulations de dunes animées d'un *Curé chasseur* ou encore la *Vue de la dune de Saint-Frieux* (128), paysages que l'on peut encore admirer dans leur beauté originelle.

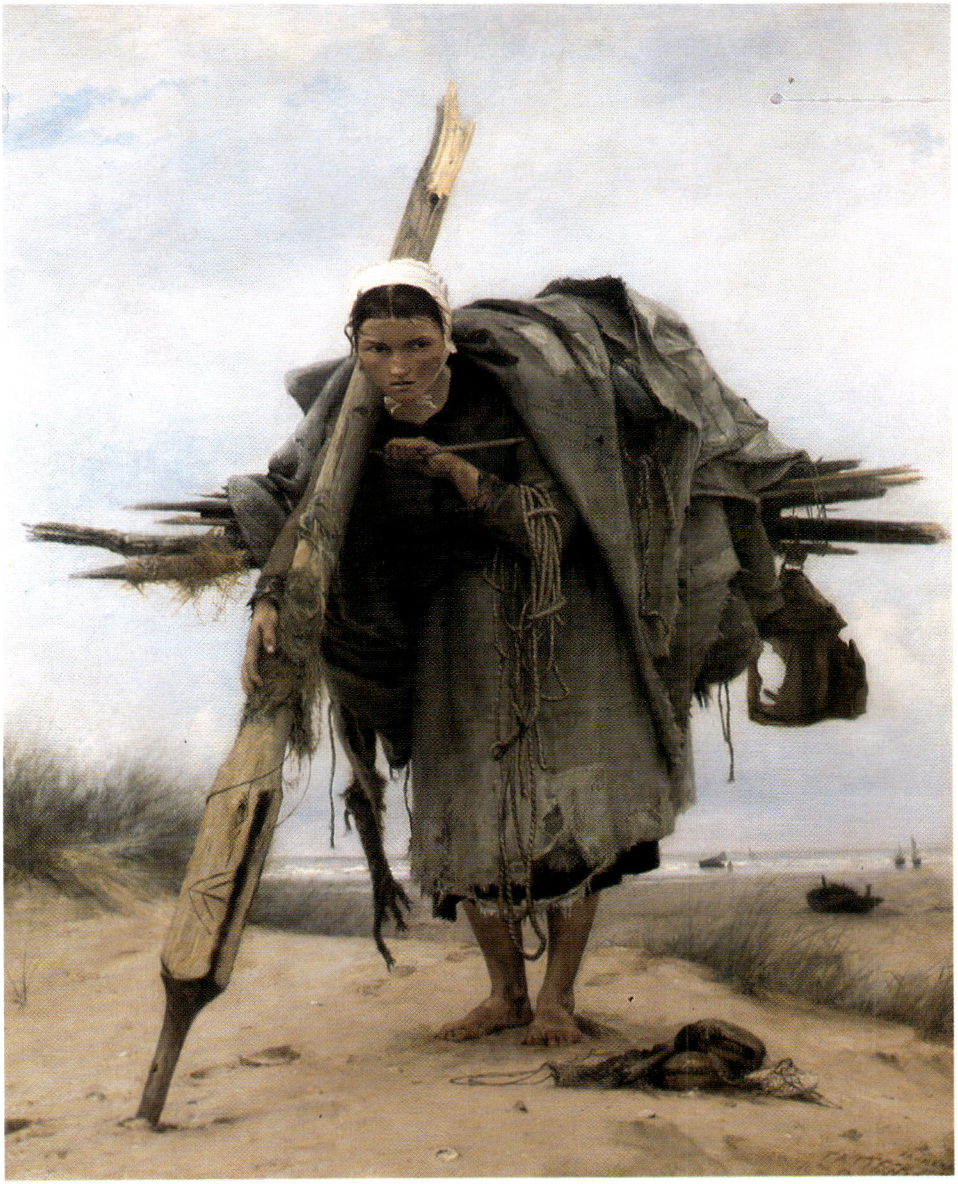

Francis Tattegrain.
La femme aux épaves. 1880.

Le nom de Charles Roussel reste intimement lié à la peinture berckoise. Le premier séjour qu'il fit à Berck en 1882 le séduit à tel point qu'il finit par s'y fixer deux ans plus tard. On doit ici souligner que Charles Roussel a grandi dans une famille où les arts étaient cultivés sous diverses formes ; il est le cousin du musicien Albert Roussel, l'ami de Gustave Charpentier. Etudiant à l'Ecole des Beaux-arts de Paris, il a pour voisin, dans son logement de la rue d'Amsterdam, Edouard Manet qui est alors au faîte de sa gloire. Enfin, il est à Berck en même temps qu'Eugène Boudin.

On peut discerner plusieurs moments dans l'œuvre de Charles Roussel. Il y a dans des toiles comme *L'entonnoir* (129), une touche qui sait prendre du relief sur un fond relativement lisse, quelque chose du Manet de *La plage de Boulogne-sur-Mer*. L'ombre tutélaire du maître n'est pas loin dans le bateau noir au centre du tableau et dans le personnage couché près des deux cabines.

Dans les œuvres plus tardives, réalisées en petits formats et souvent sur bois, la palette prend de l'audace et les tons s'affirment. Avec les scènes du *Pélerinage à Saint-Josse* (130) ou la *Route de Berck vers Etaples* (131) éclate un flamboiement digne du fauvisme. On pense à Derain et Vlaminck travaillant à Chatou. Le format réduit, la solidité du support permettaient à Roussel toute discrétion dans ses « prises de notes ». Elles ont pour thèmes des scènes vues sur la plage, jeu de volant ou de croquet, nourrice et enfant... Ces œuvres existent pour elles-mêmes et n'ont jamais donné lieu à des toiles de plus grandes dimensions. Bien des tableaux de Charles Roussel se réduisent à des variations orchestrées de trois bandes horizontales : la grève, la mer et le ciel. Là-dessus, le peintre fait ses gammes, ses improvisations, ses exercices de style. D'autres toiles encore parlent du travail des marins et de leur famille : pose des filets, recherche d'appâts, goudronnage des bateaux ; elles prennent aujourd'hui un caractère ethnographique certain.

De Nozal (1852-1929) séjournant à Berck pour la maladie d'un enfant, nous retiendrons surtout des aquarelles enlevées avec habilité dans des longs formats rectangulaires qui permettent la vue panoramique (musées de Montreuil et de Berck). Trigoulet (1864-1910) est un artiste complet qui pratique aussi bien le crayon, la gouache, la peinture à l'huile. Il aime les scènes de marché, les élégantes sur la plage, le partage entre marins. *Le halage des bateaux* (musée de Berck) est une superbe gouache où Trigoulet rend admirablement le mouvement de la foule. C'est un travail de dessinateur-né qui ne manque ni de force ni de caractère. Jean Laronze, qui se trouve à Berck pour les mêmes raisons que Nozal, se montre dans ses marines et ses croquis très proche d'un Charles Roussel, avec une prédilection cependant pour les soleils couchants et les ciels d'orage.

Les différentes écoles de peinture qui se sont épanouies sur les côtes du Pas-de-Calais, de Wissant à Berck, témoignent du dynamisme artistique de la période avant la Première Guerre mondiale. La plupart des artistes furent des paysagistes avant tout mais chaque groupe a conservé son originalité. Le cadre sauvage de Wissant incitait au grandiose, au recueillement, au goût des nocturnes. L'« école d'Etaples », grâce à la venue en nombre d'artistes étrangers, a connu une diversité de genres, de thèmes, et de moyens d'expression étonnante. A Berck, les chevalets s'installent sur la plage, à l'Entonnoir, à l'ombre d'une cabine de bain ou au marché, voire dans les salles des établissements hospitaliers.

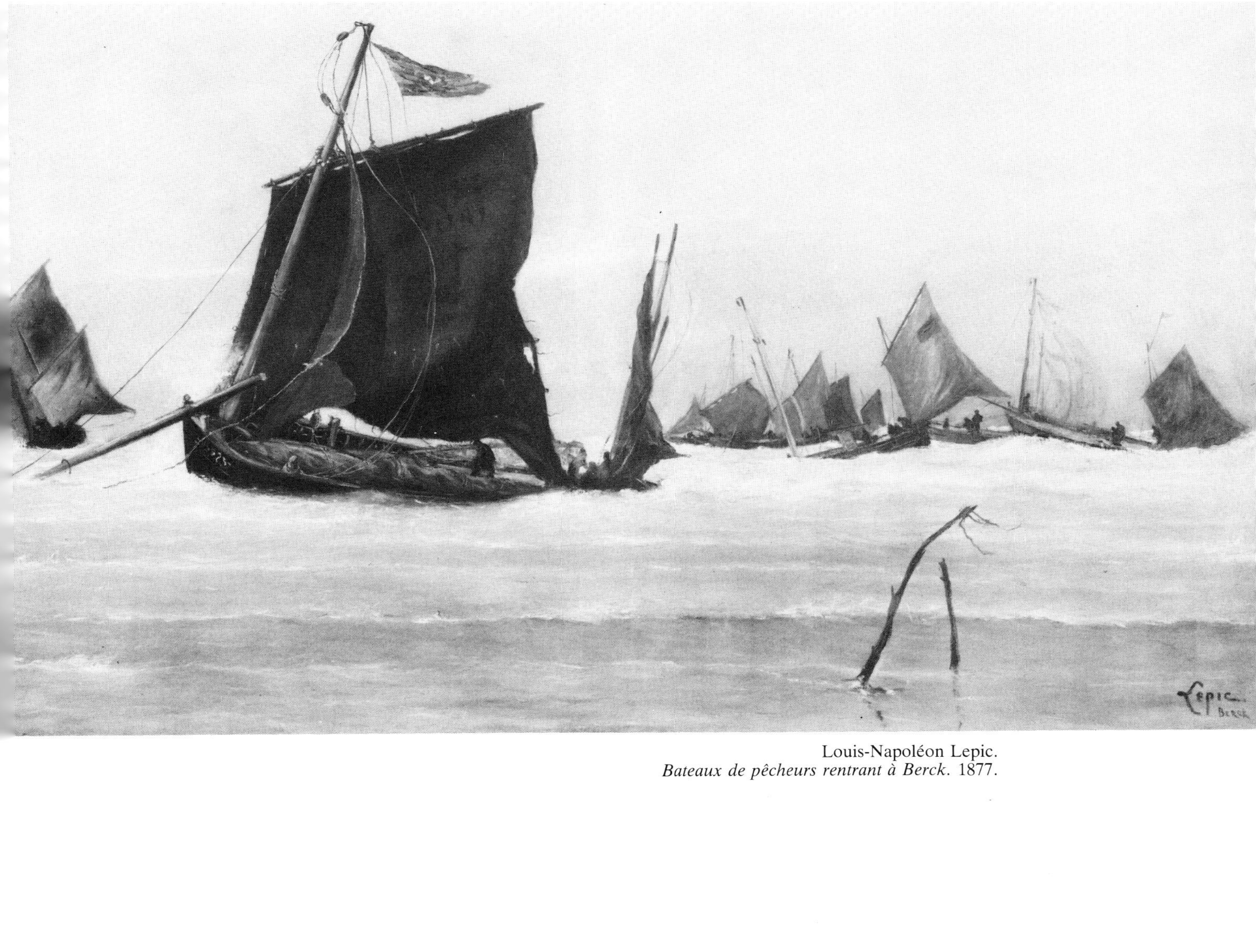

Louis-Napoléon Lepic.
Bateaux de pêcheurs rentrant à Berck. 1877.

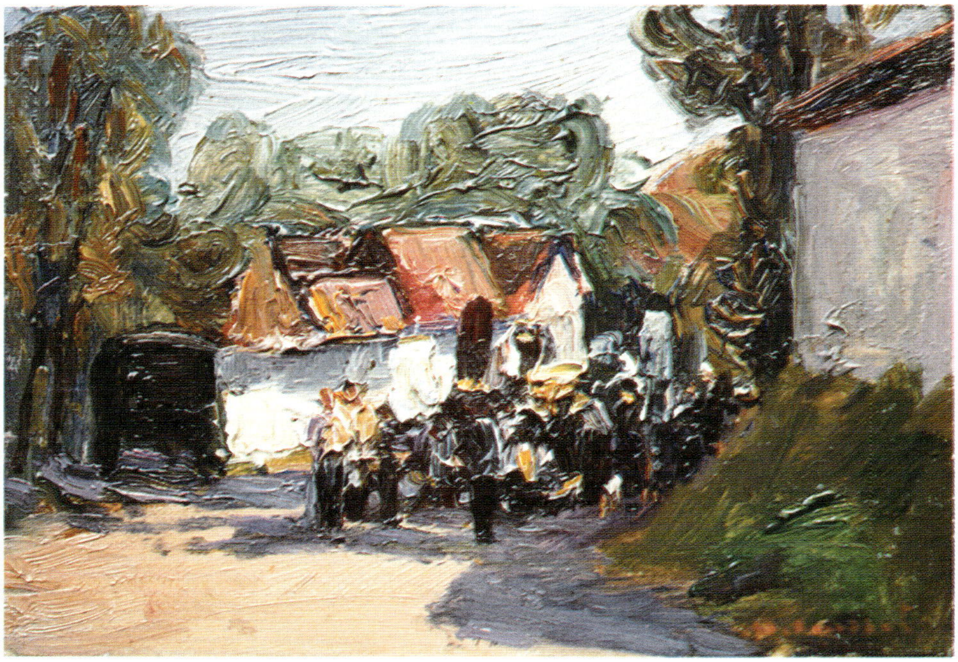

Charles Roussel.
Procession à St-Josse. 1904.

Les relations d'amitié qui s'établissent entre les peintres ne manquent pas d'étonner. On s'est connu dans les ateliers parisiens, on se retrouve ici ; c'est un flux incessant de rencontres : Karl Daubigny s'entretient avec Eugène Boudin à Etaples ; Tattegrain fait jusqu'à Wissant une visite aux Demont ; Thaulow connaît les Duhem à Camiers, Jules Wengel à Attin et gagne Maresquel où il est reçu à la suite de Paul Graf chez les Guyot ; Charles Roussel rencontre à l'auberge Wacogne à Cucq, Jules Breton qui y travaille à ses *Communiantes*... On imagine aisément ce que pouvait avoir de stimulant une telle situation pour un jeune homme frais sorti de l'atelier de Bouguereau ou de Lefebvre...

La première guerre mondiale devait porter un coup d'arrêt décisif à cette effervescence.

Le XXe siècle

Deux grands maîtres marquent leur passage sur le littoral : Marquet à Boulogne-sur-Mer en 1930 et Derain à Etaples. Jean Dubuffet enfin, lors de séjours répétés au Touquet de 1962 à 1964, exprime dans son cycle de l'*Hourloupe*, la vision surprenante d'un génie moderne.

Cependant, au tournant du siècle, Ricard-Cordingley est un peintre amoureux de la couleur et un chercheur exigeant des effets de lumière qu'il traque tant à Boulogne qu'en Afrique du Nord : bateau de pêche émergeant de la brume et éclairé d'un rai de lumière surgi d'on ne sait où. Habile dessinateur à saisir au fusain le coup de mer dans la *Tempête sur la Digue de Boulogne.* Peintre qui a, chez Cazin, admiré la maîtrise des passages, des demi-teintes, des gris, mais qui toujours en-dehors des écoles et des amis peintres qu'il fréquente sait demeurer lui-même.

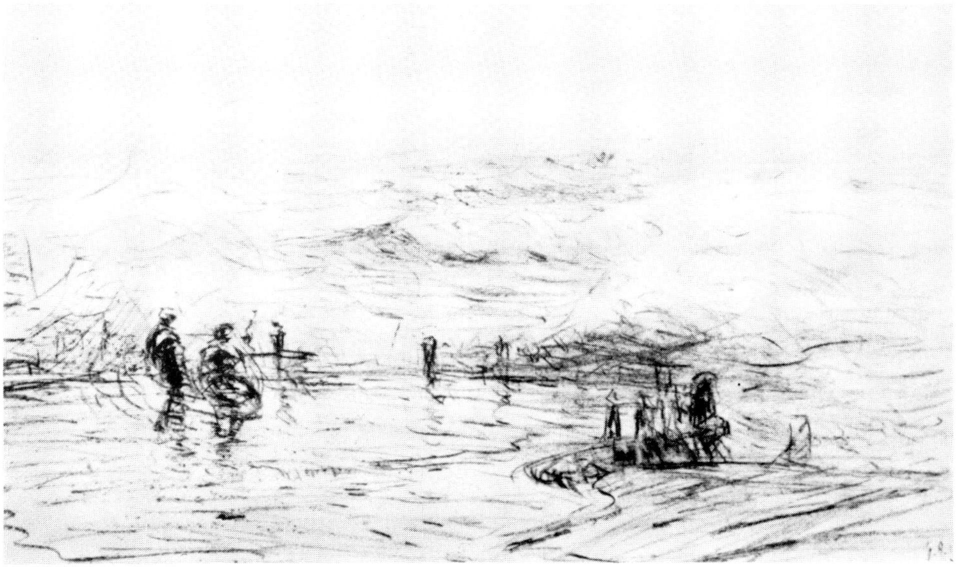

Georges Ricard-Cordingley.
Tempête sur la digue de Boulogne. 1938.

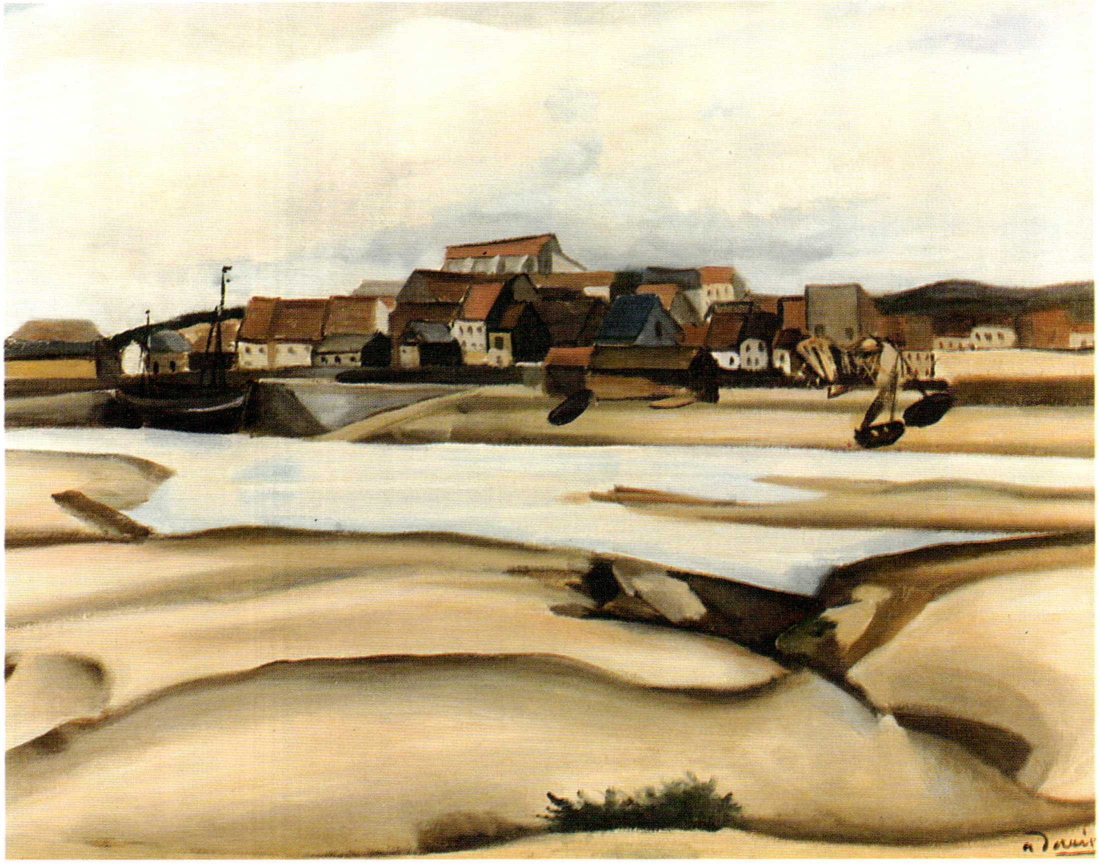

Derain.
Etaples.

DERAIN

André Derain connaît le Pas-de-Calais. Il est passé à Boulogne, Camiers, Etaples en 1910. Il y revient semble-t-il plus tard pour nous donner l'admirable *Paysage à Etaples* (132), une vue du port prise de la rive sud de la Canche. S'il a pris quelque liberté avec la réalité urbaine, le peintre a bien senti et rendu l'atmosphère des lieux, les formes et la lumière. La Canche étale, paresseuse, je dirais même impudique, ses bancs de sable séparés de « carriaux », ces ruisseaux que la mer laisse en se retirant. Il se dégage du tableau une vision de bonheur tranquille accentuée encore par le jeu des courbes longitudinales où domine le jaune de l'été. Le paysage de Derain traduit l'attention de l'artiste pour l'art des musées. On peut voir dans l'opposition de l'ombre et de la lumière des réminiscences de Courbet, opposition qui donne à la vue toute sa profondeur. Loin des toiles fauves des années 1905 et 1906 peintes en compagnie de l'ami Vlaminck, *Paysage à Etaples* porte avec lui une recherche de classicisme, d'équilibre, de sincérité, qualités qui sont aussi celles du *Port de Gravelines* (133).

« Comme Marquet avait vite la nostalgie des ciels vivants après ces mois passés au soleil..., relate Marcelle Marty, l'épouse du peintre (134), il décida d'aller vivre l'été à Boulogne-sur-Mer dans la villa Pige-Vents. Elle méritait son nom. Dès que l'on oubliait de fermer une fenêtre, les portes claquaient de tous les côtés. La mer grondait à ses pieds. Les plus belles tempêtes nous furent offertes et chaque nuit la galopade de la marée montante nous réveillait. Marquet peignit cette mer facilement déchaînée et si du balcon de notre maison il voyait les sorties et les rentrées des bateaux au port, il n'avait comme premier plan, sur le trottoir de la plage que des promeneurs et des baigneurs. Pour se trouver au centre d'un mouvement plus vrai, il loua une chambre douteuse sur le port. Là, sous ses yeux, des marins passaient, des bateaux accostaient et déchargeaient des masses de poissons frétillants et luisants, des cargos apportaient dans des caisses ou en vrac des marchandises. Le soir, la séance de travail terminée, nous suivions en auto le rivage. Marquet aimait ce ciel indécis, ces brumes qui traînaient, s'effilochaient et quelquefois se condensaient, ce soleil qui jouait à se perdre dans les nuages pour s'imposer la minute d'après mais jamais pour longtemps. » (135)

Le peintre, qui aime davantage les eaux calmes où se reflètent les bateaux et les quais, « peignit cette mer facilement démontée ». Le commentaire convient à souhait pour *Port de Boulogne* (136) ; Marquet donne, une fois n'est pas coutume, le spectacle d'une mer agitée, moutonnante. *Boulogne-sur-Mer* (137) est un tableau de dimensions modestes dans lequel Marquet révèle son goût pour les vues

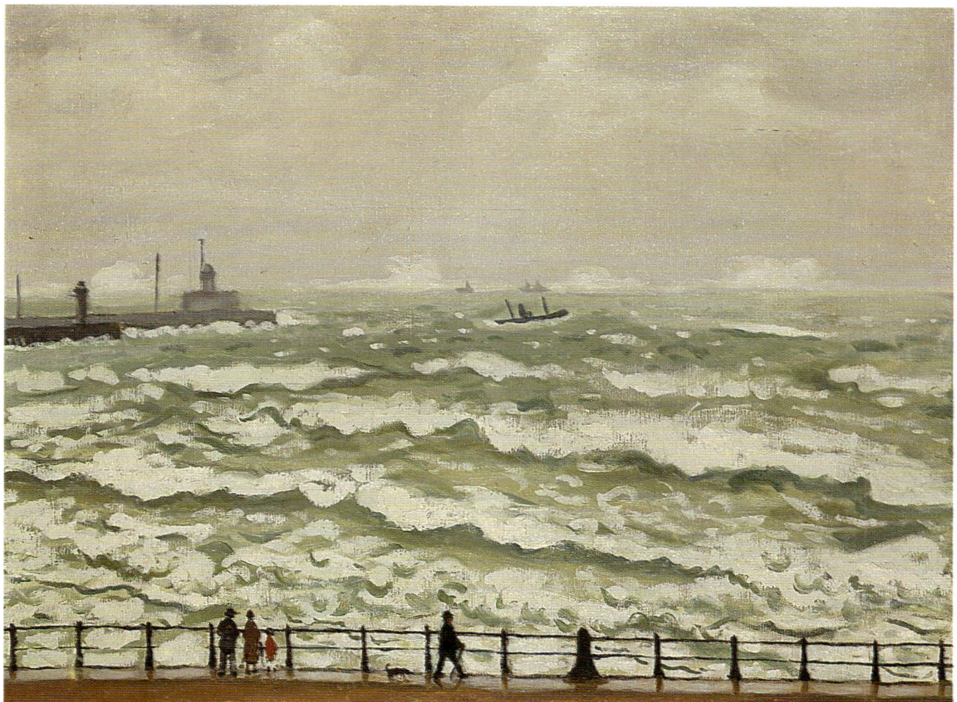

Albert Marquet.
Port de Boulogne. 1930.

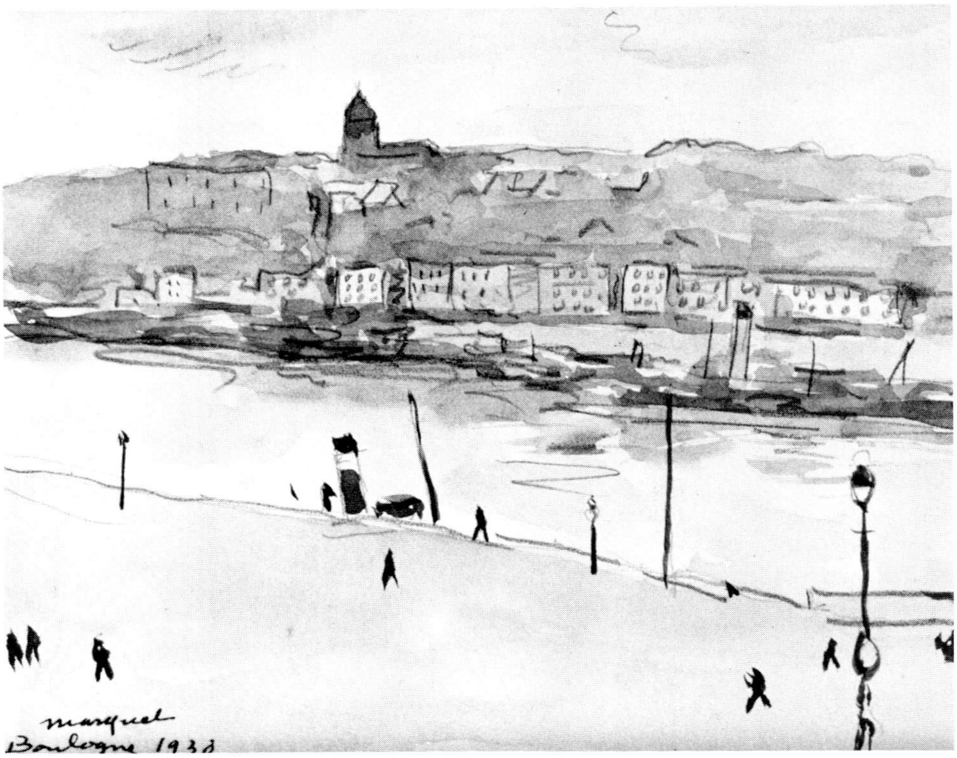

Marquet.
Boulogne-sur-Mer. 1930.

plongeantes des ports auquel ce Bordelais de naissance restera toujours attaché. Il est sensible à la réalité des choses mais à une réalité débarrassée de l'anecdote et qu'il atteint dans son essence même. Point chez lui de pittoresque. Voir le jeu des horizontales et des verticales, mâts et cheminées des navires, bordure des quais, paquebots accostés. Quelques diagonales, les flèches des grues créent le mouvement. Il ose le noir pur pour ses premiers plans. Les formes se dissolvent à l'horizon ; la gamme des tons froids aux passages imperceptibles, s'équilibre du rouge des cheminées du premier plan. Simplificateur, dans ce que ce mot peut contenir d'acuité visuelle et de maîtrise, il nous donne une réalité plus réelle, une vision presque plus vraie que nature. L'aquarelle *Boulogne-sur-Mer* (138) rappelle, si besoin était, que Marquet fut un grand dessinateur et que là aussi il ne retient des éléments que la quintescence : silhouette d'un réverbère, habitations que l'on croirait sorties d'un dessin d'enfant, et puis ce graphisme japonisant qui ménage de grandes plages de repos entre les personnages jusqu'à l'agitation, là-bas, des quais, de la ville. Jean Cassou (139) signale « ce trait de Marquet, capital chez un réaliste, qu'il est un dessinateur et l'un des meilleurs qui aient jamais été... Pour Marquet, le dessin par son jaillissement, répond à son instinct de réaliste aux aguets et qui s'amuse de tous les caprices et de toutes les occasions de la vie ».

« Je n'attribue de mérite qu'à l'invention... C'est quand se voient enfreintes les conventions sociales que le rire surgit. Les normes esthétiques sont au nombre de celles-ci. A ce titre, l'hilarité provoquée par une œuvre est sûrement bon signe – signe d'insolite –. Et insolite c'est sans aucun doute ce que doit être l'art. »

Jean Dubuffet in « Bâtons rompus »
Editions de Minuit. 1986

DUBUFFET

Les œuvres de Jean Dubuffet semblent être d'un abord facile et d'une compréhension immédiate à tout individu éveillé. Il n'est pas nécessaire de faire appel à une *référence* précise ou à un acquis culturel, historique, géographique, voire à une connaissance ésotérique. C'est peut-être ce qui déroute le spectateur. On peut arriver vierge de toute culture artistique devant ses réalisations et refuser ce que l'artiste donne à voir, ou sympathiser immédiatement, être sur la même longueur d'ondes. Mais peut-être aussi faut-il retrouver cette enfance de l'art pour sentir toute la force de ses « texturologies », malaxages, autres triturations et « assemblages d'empreintes ».

Pour le commun, c'est souvent trop simple et il ne sera pas dupe. Foin de savoir-faire, de perspective, de rapport direct avec la réalité – seulement des déformations – le flux non rompu de l'imagination, mais d'une imagination comme neuve, un œil sur lequel toutes les représentations de la réalité que nous

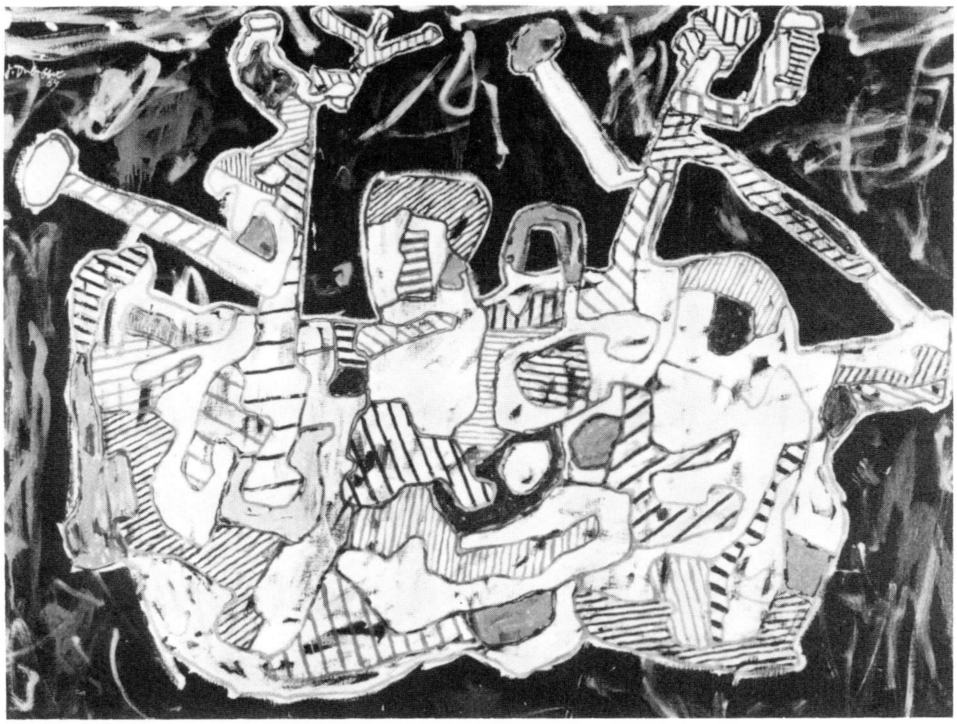

Jean Dubuffet.
Le Bariole Mariole. 1964.

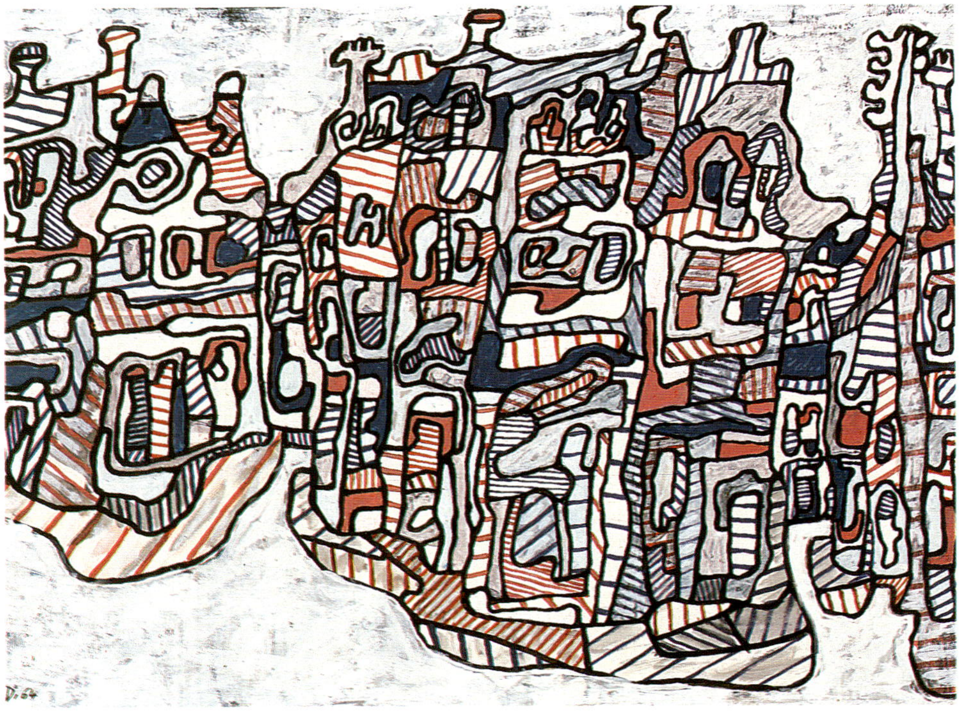

Jean Dubuffet.
La grand'place d'Etaples. 1964.

subissons depuis plus de cinq mille ans n'avaient pas eu de prise. Ici, au contraire, un phénomène de rejet, quelque chose « à côté ». Un travail de solitaire et la satisfaction personnelle de la réussite, de l'instant dans la réalisation. Et si ça plaît, tant mieux. De là ce goût chez Jean Dubuffet pour garder la trace de tous ces gestes dans un prodigieux catalogue en XXXV volumes. Comme si la vie n'avait été qu'une suite de moments exceptionnels, de communications que je qualifierai de médiumniques avec la matière, avec les éléments telluriques. Sa prise sur le réel est peut-être plus fondamentale que celle des peintres du Quattrocento qui nous renvoyait un miroir de la réalité. Jean Dubuffet nous donne une réalité plus élémentaire, plus brute, micro et macrocosmique. Il n'y manque même pas « ler dla campane ».

En 1962, le rouge, le bleu, le noir sont à l'origine de petits dessins au crayon à bille griffonnés distraitement lors d'une conversation téléphonique. Ce graphisme va orienter les travaux réalisés en 1962 - 1964 et regroupés sous le signe de *l'Hourloupe.* A cette époque Jean Dubuffet séjourne fréquemment pendant l'été au Touquet et la production de l'artiste marque un pas de plus vers l'abstraction, le conceptuel. Le dessin y est déterminant, impliquant une physionomie de puzzle. Un long fil d'Ariane est déroulé. Au spectateur de trouver la sortie… La gamme des couleurs volontairement restreinte : linéarités blanches, hâchures bleues et rouges, le tout sur un fond généralement noir, tout est réuni pour que s'accomplisse la coupure avec la réalité. Pour A.-P. de Mandiargues (140), Dubuffet « a choisi la meilleure règle de faire poser le monde devant lui pour l'observer et pour le peindre, pour le reconstituer comme à la sortie d'un spectacle d'hallucinations ».

Le Pas-de-Calais est éminemment rural et Jean Dubuffet semble l'avoir ressenti comme tel. Ce caractère agreste est bien ancré dans le pays de Montreuil, à Etaples aussi avec en plus la mer. Un monde de marins et de paysans qui conserve ses croyances et ses mentalités sous un vernis de modernisme. Jean Dubuffet décape ce vernis pour atteindre la couche sensible ; et tant pis si ça fait grincer ou sourire. Son mariage avec Emilie Carlu, fille de marins, l'attirait à Etaples, l'introduisait dans le milieu un peu fermé de la marine. De son atelier du Touquet, villa Mirivis, il prenait le recul juste nécessaire à la création. Et chaque fois dans ses œuvres il touche juste : les *Paysages du Pas-de-Calais* (141) « font penser par les rapprochements joyeux des jaunes et des verts, à une ample potée de légumes » (M. Loreau). Il arrive au *Bateau* d'avoir « des mâts boxeurs aux allures de sauterelles ». Ce qui a trait à la mer, *Croque-Morue* (142), *Gratte Merluche* (143), *Le Bariole Mariole* (144) ou *Trotte la Houle* (145) semble vu d'un quai surplombant à plus de cinq mètres le niveau de l'eau. C'est le tremblement d'une silhouette comme écrasée se reflétant dans le courant de la Canche. Mais Jean Dubuffet

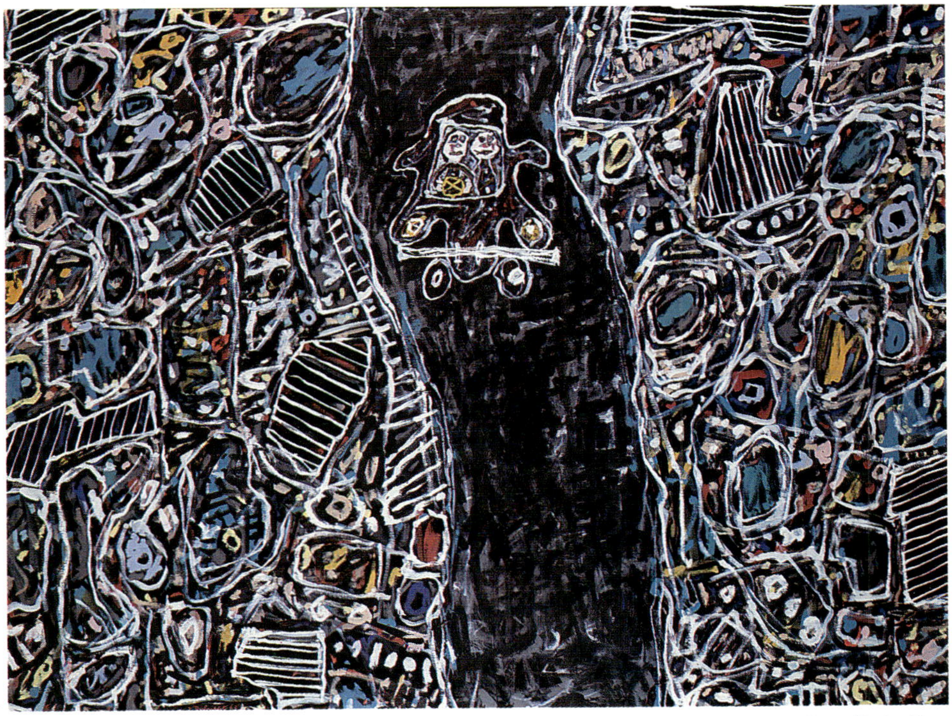

Jean Dubuffet.
La route d'Etaples. 1963.

regarde la mer de loin, du quai. A la question : « Aimez-vous séjourner au bord de la mer ? » il répondait : « Je m'y sens acculé, au bout du monde. Je ressens l'eau comme une absence, comme un vide, qui abolit pour mon usage tout un côté de l'espace disponible... J'éprouve du plaisir au contraire à me trouver en plein milieu des terres avec le sentiment que la vie se continue partout autour de moi, que m'est offerte la possibilité d'itinérer de tous les côtés dans tous les sens » (146). Ses regards se tournent plus volontiers pour notre grand plaisir vers l'intérieur, vers *La Grande Place d'Etaples* (147) où *Toits et Antennes* (148) rappellent *La Faveur de la Télévision dans la Province Picarde* (149).

Si d'autres peintres, épris de lumière et de pittoresque, sont venus à Etaples, Jean Dubuffet a trouvé là des lieux, des gens, une quotidienneté sur laquelle il glisse un regard furtif, oblique, pour nous en restituer toute la saveur.

Biographies des principaux artistes ayant travaillé sur les Côtes du Pas-de-Calais

Instantanés de la vie d'artiste

des ateliers

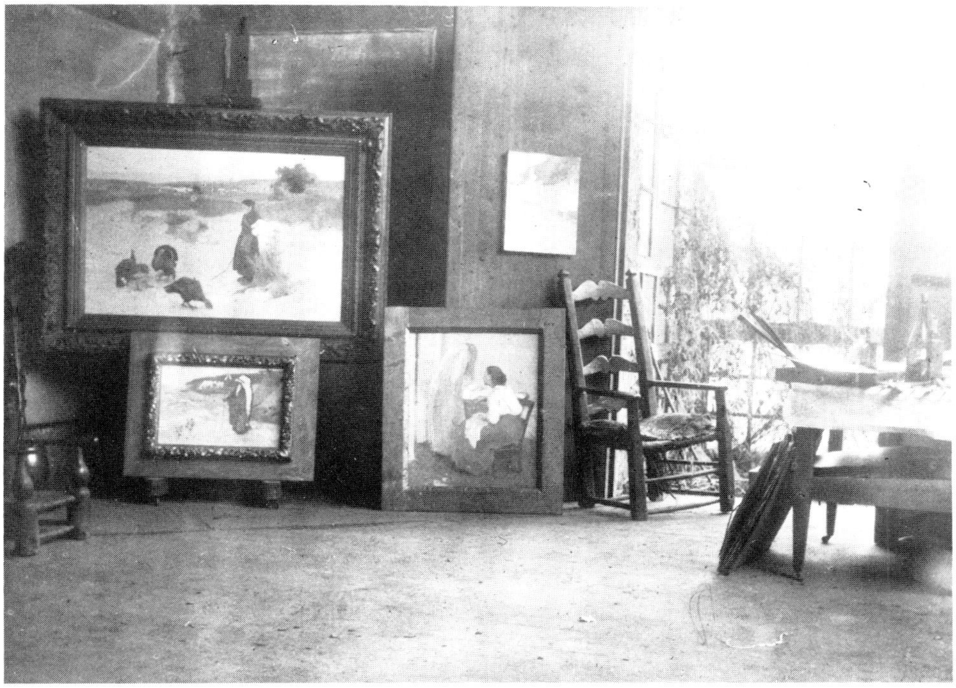

Photo Couse.

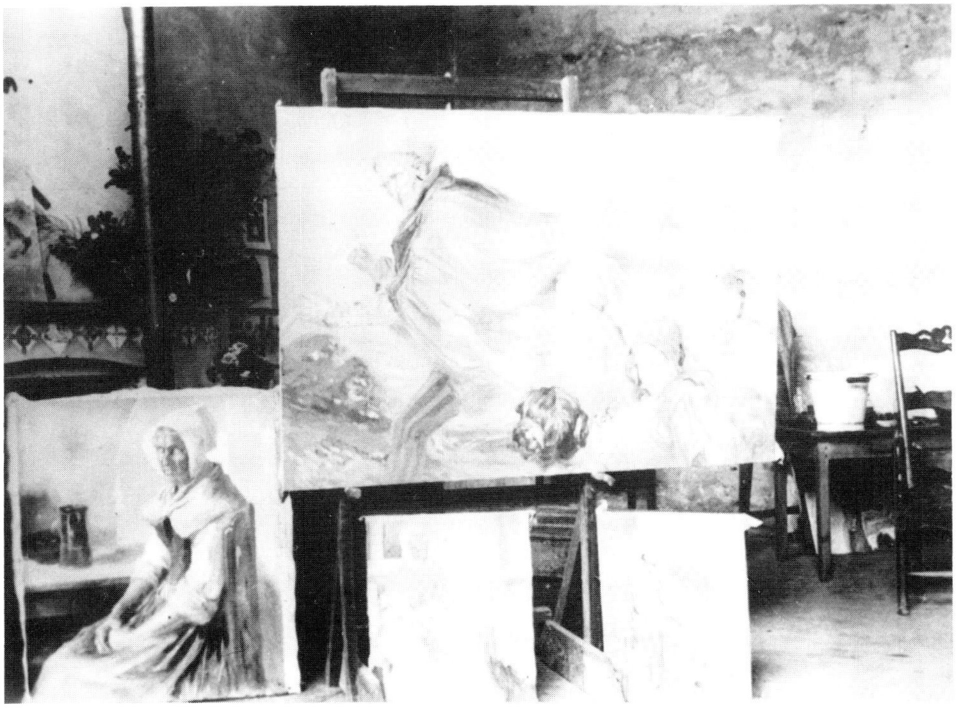

sur le motif

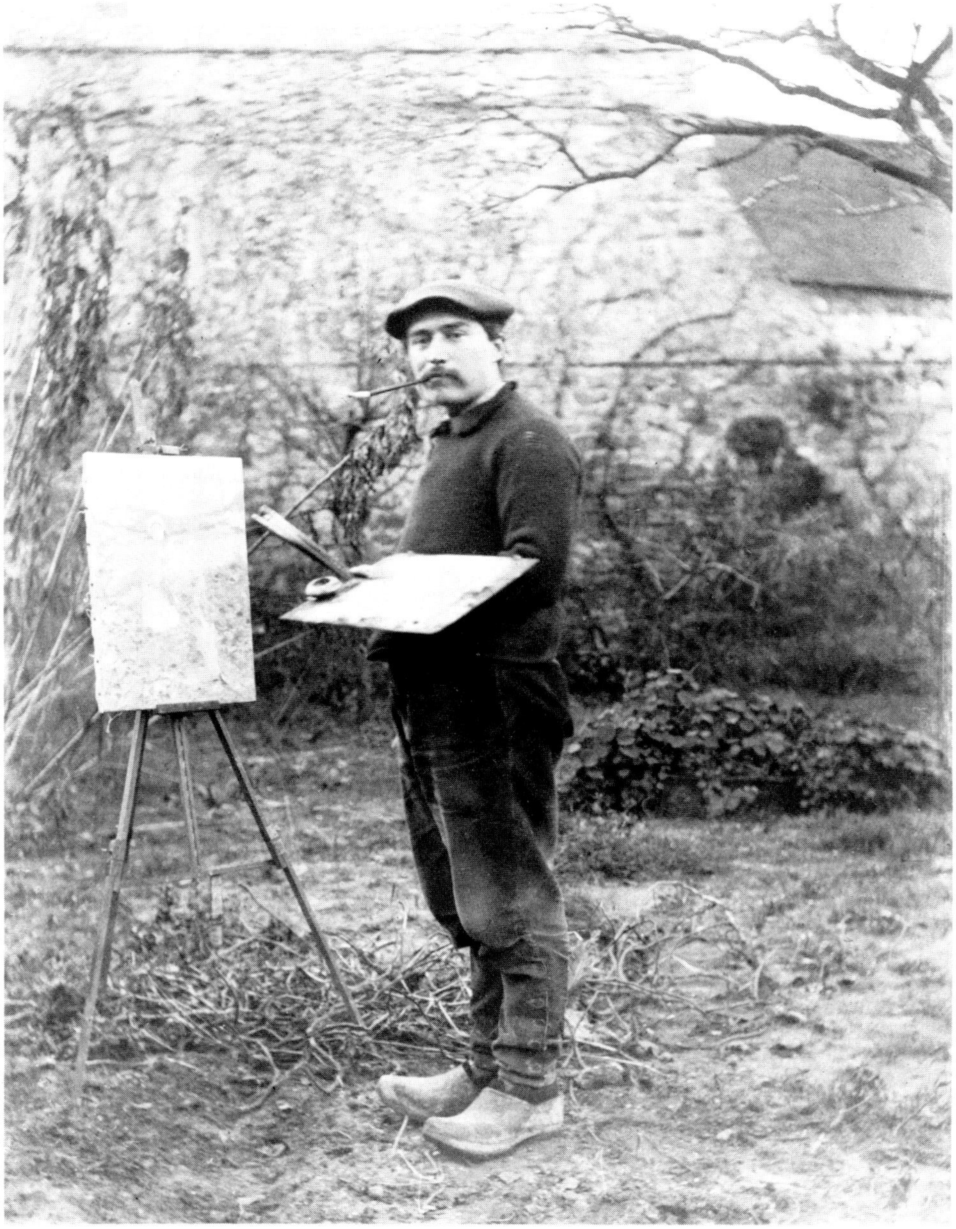

Photo Couse.

des modèles

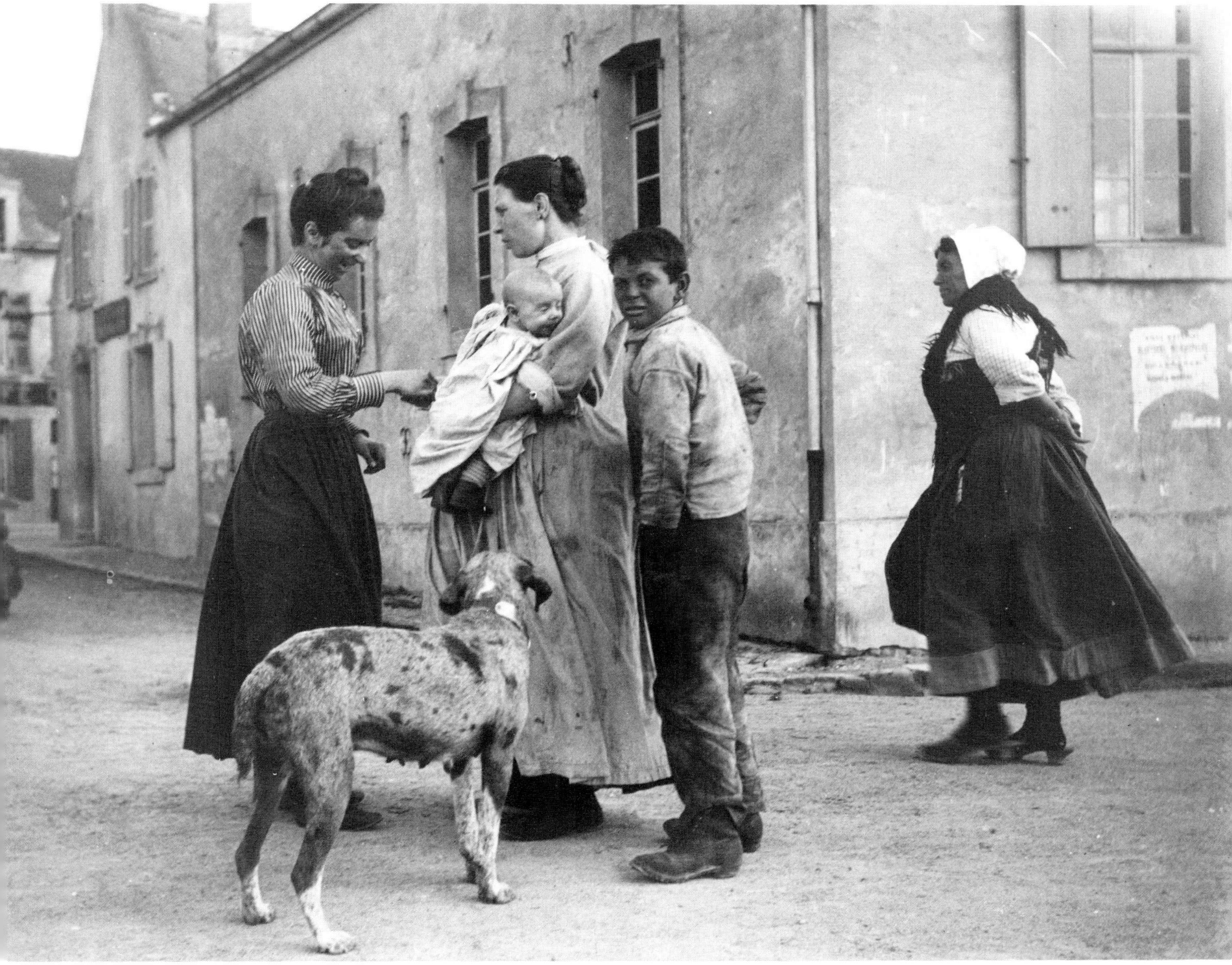

Photo Couse.

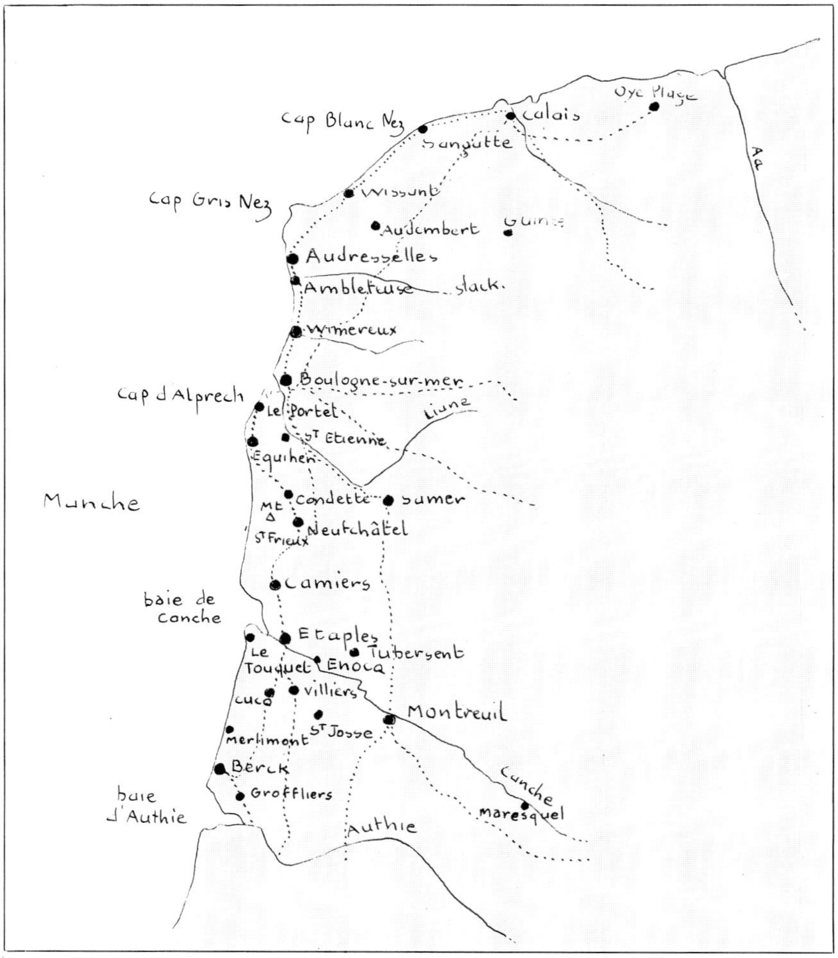

Localités fréquentées par les artistes.

ADLER Jules. (Luxeuil 1865 - Paris 1952.)

Ses parents convaincus des talents précoces de leur fils, s'installent à Paris en 1882. Adler étudie à l'Ecole des Arts Décoratifs puis à l'Académie Julian avec Bouguereau et T. Robert-Fleury et enfin à l'Ecole des Beaux-Arts. Il fait des débuts remarqués au Salon de 1890. Il se tourne alors vers les scènes de la vie parisienne, celles des faubourgs et des ouvriers d'usine dans une sensibilité proche d'un Zola. Sa sympathie pour le monde des travailleurs le rend proche de Bastien-Lepage et de Constantin Meunier. Jules Adler a travaillé de façon suivie sur les Côtes du Pas-de-Calais, à Etaples (1908, 1912, 1913 et 1916) où il participe à la vie artistique locale avec Chigot, mais aussi à Berck, Montreuil et Boulogne. « Le jeune maître est allé là-bas, dans les dunes, près de Berck, au pays du grand paysagiste Cazin. Il en a rapporté des dessins, des figures, des peintures et des paysages très clairs... » G. Denoinville.

Bibliographie

G. Denoinville. *Jules Adler.* L'Art et les Artistes. N° 53.1909.

J. Uzanne. *Jules Adler.* Figures Contemporaines. Paris. Floury. 1896/1908.

L. Barbedette. *Le peintre Jules Adler.* Besançon. Séquoia. 1938.

Exposition *Jules Adler.* Musée C. de Bruyères. Remiremont. 1979.

P. Weisberg. *The Realist Tradition.* Cleveland Museum. U.S.A. 1981.

Œuvres de Jules Adler à Etaples et dans les environs

Le Petit Mousse. Dessin. 1908. (Etaples). Loc. incon.

Fille de Pêcheurs. Dessin. 1908. (Etaples). Loc. incon.

Le Vieux Pêcheur. H. S.B.D. et daté 1912. (Etaples). Loc. incon.

Gros Temps au Large. H/T. (2,105×1,965). S. et daté Etaples 1913. Musée du Petit Palais. Paris.

Jeune Homme à la casquette près du port. Fusain, pastel et encre de chine. S.B.D. et situé Etaples 1913. (0,375×0,285). Vente Versailles 16.11.1975.

Retour de Pêche. H/carton. (0,65×0,81). S.B.D. et situé à Boulogne-sur-Mer. Loc. incon.

Retour du Pêcheur. H/T. (0,92×0,73). S.B.G. et daté 1916. Vente Versailles. Me Blache. 22.6.1977.

Retour de Pêche. H/carton. (0,40×0,50). S.B.G. Musée de Luxeuil.

Pêcheuse de crevettes. H/T. (1,28×0,95). Loc. incon.

La Plage de Berck. H/panneau. (0,28×0,35). Signé Adler Jules. Vente Me Loudmer. 20.2.1985.

Les remparts de Montreuil-sur-Mer. Support, dimensions et loc. incon. Vente 24.2.1928.

Le Touquet. Support, dimensions et loc. incon. Vente Drouot. 12.3.1962.

BÉNARD Hubert, Eugène. (Boulogne-sur-Mer 1834 - Id. 1879.)

Peintre de paysages, de genre et de marines, Bénard fut élève de Jacquand, peintre d'histoire et travailla dans l'influence de Jules Noël. (On doit à ce dernier une *Vue de la Côte près de Boulogne* signée et datée août 1866 dans une facture romantique accentuée.) Bénard exposa d'abord à la Société des Amis des Arts de Boulogne puis aux Salons de Paris de 1857 à 1869. Ses vues sont celles du littoral de la Manche (Boulogne et Normandie) avec quelques incursions en Angleterre. Un contemporain notait avec justesse à propos de ses marines : « Les grandes lignes de l'ensemble sont soigneusement brossées ; ciel, mer et terrain offrent une tonalité blonde légèrement embrumée qui repose l'œil et qui rend bien l'aspect habituel de nos pays du Nord ». A côté des qualités de peintre, Bénard joint des qualités de dessinateur : sa mine de plomb incisive est adoucie parfois de rehauts d'aquarelle qui ne laissent pas de charmer l'amateur.

Bibliographie

Chronique anonyme de Boulogne-sur-Mer. 1837/1870. Hamain édit. Boulogne. 1898.

Archives municipales de Boulogne-sur-Mer. Journaux : *La Colonne.* 25.12.1879 ; *La France du Nord.* Id ; *Le Courrier du Pas-de-Calais.* 8.1.1880. *L'impartial de Boulogne-sur-Mer.* 10.1.1880.

J.-C. Lesage : *Quelques notes sur E. Bénard, un peintre boulonnais méconnu.* In *La Balouette* 1987. A.M.M.E. Etaples.

Marchal et Wintrebert. p. 23.

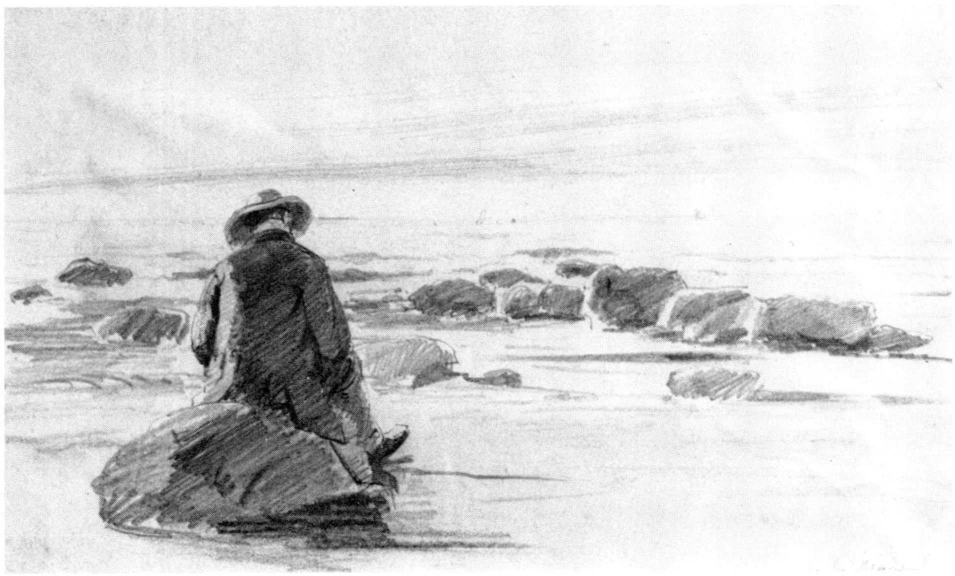

E. Bénard. *Le dessinateur.*

Œuvres d'Eugène Bénard exposées au Salon de Paris

1857. N° 163. *Retour de pêche ; environs de Boulogne-sur-Mer.*

1859. N° 221. *Marine ; fin de la cueillette des moules (côte d'Ambleteuse) effet du matin.*

1861. N° 217. *Le lendemain d'un naufrage ; mer baissante. Déchargement du chasse-marée « La Marianne » de St-Vaast (Calvados) échoué sur la plage de Boulogne-sur-Mer. Octobre 1859.*

1863. N° 128. *Vue du Parlement anglais prise du quai de Milbank à Londres.*

1864. N° 134. *Le retour de la pêche sur les côtes de Normandie.*

1865. N° 148. *Le convoi des naufragés.*

1866. *Un sauvetage en mer, embouchure de la Tamise.*

1868. N° 182. *Bateau à vapeur de Folkestone entrant dans le port de Boulogne par gros temps. Novembre 1867.*

N° 183. *Avant le départ ; intérieur du port de Boulogne. Novembre 1867.*

1869. N° 182. *Radeau norvégien doublant les Benkey's rocks.*

BONINGTON Richard. Parkes. (1802 - 1828.)

Peintre de paysages, de marines et de genre, aquarelliste. Il suit son père à Calais lorsque celui-ci s'y installe pour créer une fabrique de dentelle. Il a pour premier maître à Calais, Louis Francia en 1817. L'année suivante il est à Paris où il travaille dans l'atelier de Gros, puis il voyage en Normandie, dans le Nord et sur les côtes du Pas-de-Calais, à Boulogne et Calais. Bonington a été celui qui a introduit en France, avec Constable et Fielding, l'école anglaise de paysage. Son influence sur les paysagistes français de la première moitié du XIXe siècle a été considérable.

Bibliographie

A. Dubuisson et C.E. Hugues : *Richard Parkes Bonington, his life and Work.* Londres. 1924.

A. Dubuisson. *Bonington.* Alcan. Paris. 1927.

Bonington, un romantique anglais à Paris. Exposition. Musée Jacquemart-André. Paris. 1966.

Quelques œuvres de Bonington sur le Pas-de-Calais dans les grandes collections publiques.

– France.	Paris.	Musée du Louvre. Cabinet des dessins. *Marché au poisson à Boulogne* (aq.)
		Bibliothèque Nationale. Estampes. *Vue de la rade de Calais* (aq.).

	Calais	Musée des Beaux-Arts. *Calais. Entrée du Port avec le Fort Rouge.* (crayon). *Le Fort Rouge à marée basse.* (aq.).
– Grande-Bretagne.	Londres.	Wallace Collection. *On the coast of Picardy.* (H/T).
		Victoria and Albert Museum. *Maison à Wimereux* (crayon).
	Anglesey.	Anglesey Abbey. Cambridgeshire. *Boulogne.* (H/T).
	Nottingham.	Nottingham Museum of Art. *Calais.* (dessin).
– Etats-Unis.	New Haven.	Connecticut. Yale Center for British Art. *Marché au poisson à Boulogne* (H/T).

BONNEFOY Henri-Arthur. (Boulogne-sur-Mer 1839 - 1917.)

Peintre de paysages et de genre, il fut l'élève à Paris de Léon Cogniet. On dit que Sir Richard Wallace, le grand collectionneur anglais, lui aurait acheté son premier tableau en 1854. Ce fut sans doute un encouragement pour le jeune homme qui exposait au Salon de Paris en 1857 *La Rentrée du Marché ; Nature Morte* (n° 278) et un *Paysage, vue prise de La Capelle ; effet du matin* (n° 279) dans une désignation qui rappelle celle de Corot à la même époque. Mais là se borne le point commun avec le grand paysagiste. A l'Académie des Beaux-Arts de Paris, il obtient une mention honorable dans le paysage historique en 1861. Des voyages l'entraînent vers le midi, les Alpes-Maritimes (Cannes, St-Gratien) et il expose des vues de cette région dès 1863. Il revient dans le Nord après 1871 et on peut relever au Salon de 1873 *Vent de Nord, environs de Boulogne-sur-Mer* (n° 138) et l'année suivante *La Herse, environs de Boulogne-sur-Mer* (n° 209). Il semble avoir fait un voyage au Danemark comme le laisse supposer le tableau *Juin en Danemark* (Salon de 1880, n° 401), qui lui vaut une médaille de 3e classe. Après avoir obtenu une médaille de 2e classe en 1884, une médaille d'argent en 1889, il est ensuite classé hors-concours.

Le Paysage aux Moutons du musée de Boulogne montre un artiste usant de tonalités hardies, une palette toute de fraîcheur et une mise en page qui dénote un talent affirmé.

Bibliographie

Annuaire du Pas-de-Calais. Jouve édit. 1897.

Chronique anonyme de Boulogne-sur-Mer. Hamain édit. Boulogne. 1898.

Œuvres

Musée de Boulogne-sur-Mer :
Paysage aux Moutons. H/T (0,37×0,69).
Le Fort d'Ambleteuse. H/B. (0,23×0,36).

Musée de Calais :
Pêcheurs. H/B (0,24×0,16).

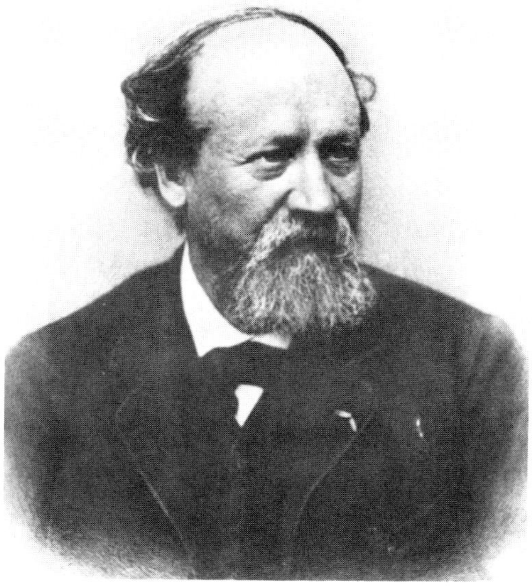

Eugène Boudin.

BOUDIN Eugène. (Honfleur 1824 - Deauville 1898.)

Eugène Boudin passe son enfance à Honfleur dans une famille de marins. Il ouvre au Havre un commerce de papeterie et fait la connaissance de Troyon, Millet et Eugène Isabey. Il décide de se consacrer à la peinture et obtient une bourse de la municipalité du Havre en 1851. De 1855 à 1857, il séjourne en Bretagne et y affirme sa vocation de peintre de plein-air. Il rencontre Monet en 1858 ; ce dernier ne manquera pas d'être influencé par Boudin. A Paris en 1859, Boudin fait la connaissance de Corot et de Daubigny qui marqueront ses débuts. Isabey l'incite à se consacrer aux scènes de plage. Dès 1863, Boudin participe régulièrement aux Salons et poursuit ses voyages en Bretagne et en Normandie.

Il faut attendre 1870 pour assister aux premiers séjours de Boudin sur les côtes du Pas-de-Calais. L'année 1874 est marquée par sa participation à la première exposition impressionniste et par un séjour à Berck qu'il fréquente chaque été de 1876 à 1885 et en 1890. Il est à Etaples en 1876, 1878, 1880, 1886, 1889, 1890 et 1891. On ne note que deux passages à Boulogne ayant donné suite à des œuvres, en 1876 et en 1891. A cette dernière date, son état de santé le pousse vers les cieux plus cléments du Midi et de l'Italie.

Bibliographie

Jean-Aubry G. *Eugène Boudin.* Ides et calendes. Neufchatel. 1968.

Schmit R. *Eugène Boudin. Catalogue raisonné.* 3 vol. Paris. 1973.

Il nous a paru intéressant de rassembler ici les œuvres d'Eugène Boudin réalisées à Etaples et à Boulogne exclusivement, celles exécutées à Berck ayant déjà fait l'objet d'une étude par M. Bridenne dans ses *Peintres de Berck.* Le numéro fait référence au catalogue Schmit cité. Seules sont précisées les collections publiques, la plupart des œuvres étant dans des collections particulières.

Œuvres de Boulogne-sur-Mer :

Pleine Mer devant Boulogne. H/T. (0,40×0,56). S.B.D. 76. National Gallery of South Africa. Le Cap. N° 1145.

Boulogne-sur-Mer, le bassin. H/panneau. (0,32×0,41). S.B.D. 91. Boulogne. N° 2873.

Boulogne-sur-Mer, le Port ; quai d'accostage. H/panneau (0,24×0,32). S.B.D. circa 1891-93. N° 2874.

Boulogne-sur-Mer, le Port ; quai d'accostage. H/T. (0,46×0,635). S.B.D. circa 1891-93. N° 2875.

Œuvres réalisées à Etaples :

Etaples, bateaux dans le port. H/T. (0,40×0,55). S.B.D. 76. « Etaples ». N° 1151.

Etaples, coucher de soleil. H/T. (0,46×0,65). S.B.D. 78. « Etaples ». N° 1211.

Etaples, marée basse. H/T. (0,46×0,65). S.B.D. 80. « Etaples ». H. Liebig. Oblastnie Galerie. Liberec. Tchécoslovaquie. N° 1284.

Etaples, marée basse. H/T. (0,36×0,58). S.B.G. « Etaples ». N° 1285.

Marée basse à Etaples, soleil couchant. H/T. (0,46×0,65). S.B.G. 80. N° 1286.

Etaples, la Canche. H/T. (0,83×1,28). S.B.D. 86. « Etaples ». National Gallery. Ottawa. Canada. N° 2152.

Etaples, la Canche. H/T. (0,36×0,585). S.B.D. 86. « Etaples ». Musée des Beaux-Arts. Boulogne-sur-Mer - n° 2153.

Etaples, la Canche. H/T. (0,36×0,585). S.B.D. 1886. « Etaples ». N° 2154.

Etaples, marée basse. H/T. (0,79×1,09). S.B.G. Bordeaux. Musée des Beaux-Arts. N° 2155.

Vue d'Etaples, marée basse, le soir. H/T. (0,46×0,65). S.B.G. 86. 26 mai. « Etaples ». N° 2156.

Etaples. Débarquement des pêcheurs. H/panneau. (0,40×0,55). S.B.D. 89. « Etaples » City Art Gallery. Manchester. Grande-Bretagne. N° 2538.

L'église d'Etaples. H/panneau. (0,355×0,275). S.B.D. 90. « Etaples ». N° 2605.

L'église d'Etaples. H/panneau. (0,41×0,55). S.B.G. 90. « Etaples ». N° 2606.

Les dunes à Etaples. H/T. (0,36×0,58). S.B.D. 90. « Etaples ». N° 2607.

Etaples, la Canche à marée haute. H/T. (0,50×0,75). S.B.G. 90. « Etaples ». N° 2608.

Etaples, la Canche, marée haute. H/T. (0,51×0,74). S.B.G. 90. « Etaples ». N° 2609.

Etaples, bateaux échoués. H/panneau. (0,315×0,42). S.B.G. 90. « Etaples ». N° 2610.

Etaples, marée basse. H/panneau. (0,355×0,47). S.B.D. 90. « Etaples ». N° 2611.

Etaples, bateaux échoués, marée basse. H/T. (0,36×0,58). S.B.G. 90. « Etaples ». N° 2612.

Etaples, marée basse, bateaux échoués. H/T. (0,46×0,65). S.B.G. 90. et annoté « Etaples ». N° 2613.

Etaples, voiliers échoués. H/panneau. (0,22×0,28). S.B.G. 90. « Etaples ». N° 2614.

Etaples, sortie des barques de pêche. H/T. (0,41×0,55). S.B.G. 90. N° 2615.

Etaples, la Canche marée basse. H/T. (0,46×0,65). S.B.G. 90. « Etaples ». N° 2616.

Etaples, la Canche marée basse. H/T. (0,46×0,65). S.B.G. 90. « Etaples ». N° 2617.

Etaples, la Canche, marée basse. H/T.(0,45×0,64). S.B.G. 90. N° 2618.

Etaples, la Canche. H/T. (0,36×0,58). S.B.G. 90. « Etaples ». N° 2619.

Etaples, le port à marée basse. H/T. (0,46×0,65). S.B.G. 90. « Etaples ». N° 2620.

Etaples, la Canche marée basse. H/T. (0,37×0,58). S.B.G. 90. « Etaples ». N° 2621.

Etaples, barques échouées, marée basse. H/panneau. (0,23×0,345). S.B.D. circa. 1890-92. N° 2752.

Pêcheuse à Etaples. H/panneau. (0,23×0,345). circa. 1890-92. N° 2753.

Etaples, la Canche. H/T. (0,36×0,58). S.B.D. 91. « Etaples ». Collection R.E. Blum. Lakeville. Connecticut. U.S.A. N° 2776.

Etaples, la Canche, bateaux de pêche, marée basse. H/panneau. (0,34×0,465). S.D.B. 91 et « Etaples » en B.G. N° 2777.

Etaples, la Canche, marée haute. H/T. (0,46×0,65). S.B.D. 91. « Etaples ». N° 2778.

Etaples, la Canche, marée basse, bateaux échoués. H/T. (0,46×0,655). S.B.D. 91 « Etaples ». N° 2779.

Etaples, les bords de la Canche. H/T. (0,50×0,75). S.B.G. 91. « Etaples ». N° 2780.

Etaples, les bords de la Canche. H/T. (0,36×0,58). S.B.G. 91. N° 2781.

Etaples, le moulin. H/T. (0,46×0,655). S.B.D. 91. « Etaples ». N° 2782.

L'église d'Etaples. H/panneau. (0,38×0,54). S.B.G. 91. N° 2783.

L'église d'Etaples. H/T. (0,41×0,55). S.B.G. 91. « Etaples ». N° 2784.

Etaples, le quai à marée basse. H/T. (0,36×0,58). S.B.G. 91. « Etaples ». N° 2785.

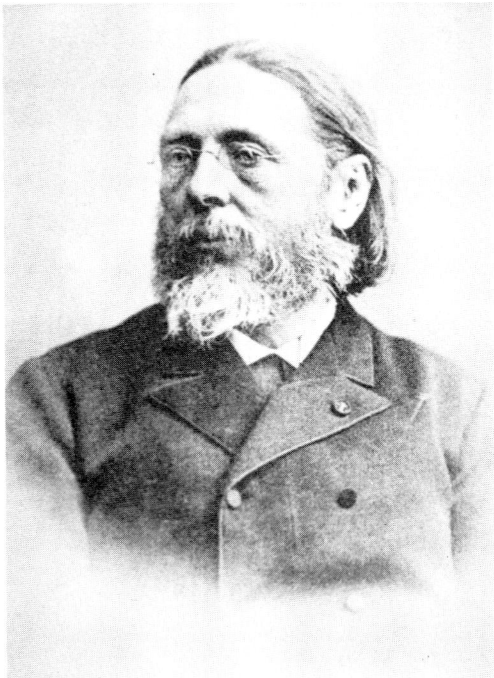

Jules Breton.

BRETON Jules. (Courrières 1827 - Paris 1906.)

Après une enfance à la campagne à Courrières, il reçoit ses premières leçons de Félix de Vigne, peintre de Gand, dont il épousera la fille. A Paris, il a pour maître Drolling et il suit les cours de l'Ecole des Beaux-Arts.

Le *Retour des Moissonneurs* du Salon de 1853 ouvre la veine paysanne, dominant tout son œuvre peint. Viennent ensuite *Les Glaneuses* (1855) et *La bénédiction des blés en Artois* (1857). Très prisées du public et du jury des Salons, ses œuvres sont achetées par l'Etat.

Il séjourne à Cucq en 1882 et 1883 et y fait des études pour son tableau *Les Communiantes,* exposé au Salon de 1884. Il peint quelques tableaux à Wissant lorsque sa fille, Virginie, après son mariage avec Adrien Demont, s'installe en 1890 au Typhonium. Les paysannes et les paysans de Jules Breton ont cette mâle assurance des gens de la terre même si leurs traits sont, contrairement à ceux de Millet, un peu idéalisés. Le coloris, qui parfois se souvient des peintres du Nord, est toujours en intime harmonie avec le sujet.

Bibliographie

Jules Breton. *La vie d'un artiste.* Paris. 1890.

Un peintre paysan. Paris. 1896.

M. Vachon. *Jules Breton.* Paris. 1899.

Exposition. *Jules Breton and the French rural tradition.* Joslyn Art museum. Omaha. Nebraska, U.S.A. 1982.

Annette Bourrut-Lacouture : *Les Communiantes (1884) de Jules Breton et le thème de la procession ; genèse d'une œuvre d'après des documents inédits.* Bulletin de la société de l'Histoire de l'Art Français. 1983.

On consultera aussi avec profit le *Catalogue de la vente de l'atelier Jules Breton.* Galerie G. Petit. Paris 2-3 juin 1911.

Quelques œuvres de Jules Breton sur le littoral.

Fenaison à Cucq. H/T. (0,36×0,57). Vente G. Petit. N° 184. Reprod.

Hameau dans les dunes. (0,38×0,57). S.B.D. et daté 1882. Vente G. Petit. N° 185. Reprod.

Chemin de Cucq. H/T. (0,30×0,43). Vente G. Petit. N° 233. Reprod.

Chaumière, étude pour les communiantes. 31 juillet 1883. Paris. Coll. part. in Bourrut-Lacouture op.cit. p. 183.

Le Communal à Cucq. H/T. (0,39×0,57) signé et daté. 83. étude pour le tableau *Le matin.* Vente G. Petit. N° 219.

Les dunes de Merlimont. H/T. (0,38×0,52). Vente G. Petit. N° 220.

Le village de Cucq. H/T. (0,39×0,58). Signé et daté 83. Vente G. Petit. N° 217 Reprod.

Chaumière à Cucq. Etude pour les *Premières Communiantes.* Signé H/T. (0,27×0,36). Vente G. Petit. N° 256. Reprod.

La forge à Cucq. H/T. (0,37×0,54). Signé et daté 84. Vente G. Petit. N° 46.

Les Communiantes. H/T. (1,22×1,83), S.B.G. 1884.

Le sentier à Wissant. Pas-de-Calais. H/T. (0,33×0,43). Signé.

CAZIN Jean-Charles (Samer 1841 - Le Lavandou 1901.)

Issu de bonne bourgeoisie boulonnaise (son père, médecin, fut à l'origine de la création des hôpitaux de Berck), Jean-Charles Cazin fit des études à l'Ecole des Arts Décoratifs et suivit l'enseignement de Lecoq de Boisbaudran. Ce dernier professait une méthode originale du travail d'après la mémoire. Cazin est de ceux qui, avec Manet, participent au Salon des Refusés en 1863. Professeur à l'Ecole Spéciale d'Architecture en 1866, il devient directeur de l'école des Beaux-Arts de Tours et conservateur du musée de la ville. En 1871, il séjourne en Angleterre où il travaille la céramique en compagnie de son épouse Marie. De retour en France, il expose *Le Chantier* (1876), tableau dans lequel il pratique la technique ancienne de la peinture à la cire. Commence alors la suite des compositions d'inspiration biblique et mythologique pour lesquelles posent les membres de sa famille et dont le décor s'inspire du littoral : les dunes dans *Agar et Ismaël* (1880), les remparts de Montreuil-sur-Mer dans *Judith, le départ* (1883) ou encore les falaises d'Equihen dans *Ulysse après le naufrage* (C. 1890-92).

Après 1883, dans la maison et dans l'atelier qu'il s'est fait construire à Equihen, il abandonne les thèmes de la peinture d'Histoire et donne des paysages des côtes du Boulonnais, des nocturnes, dans lesquels il laisse libre cours à sa sensibilité : ciels voilés, orageux, tonalités assourdies des paysages de neige. Il témoigne dans ses œuvres de l'âpreté des lieux.

Fort admiré de son vivant, Jean-Charles Cazin a recueilli de multiples récompenses : médaille d'or à l'Exposition Universelle de 1889, grand prix de peinture en 1900. Tombé dans un relatif oubli depuis sa mort en 1901, Cazin mérite que l'on s'attarde à ses travaux qui le classent parmi l'un des plus grands paysagistes du Pas-de-Calais.

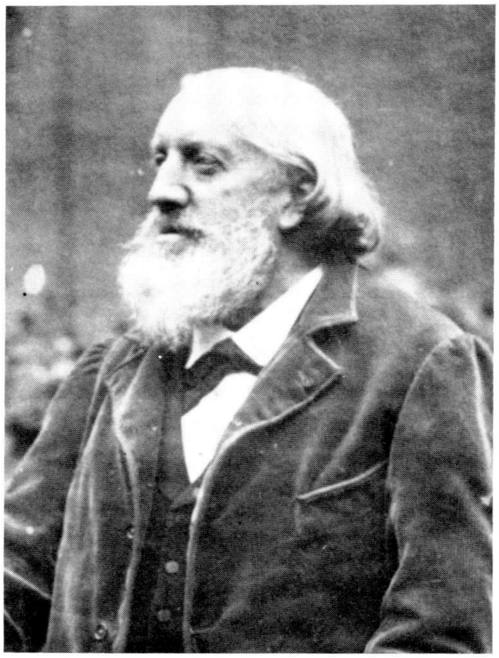

Jean-Charles Cazin.

Bibliographie essentielle sur Jean-Charles Cazin

L. Benedite. *Jean-Charles Cazin.* Revue de l'Art Ancien et Moderne. N°s 52 et 53. 1901. (Travail essentiel du conservateur du Luxembourg et familier de l'artiste.)

P. Desjardins. *En mémoire de Jean-Charles Cazin* in G.B.A. Septembre 1901.

Catalogue de la vente Cazin. Galerie G. Petit. 2 mai 1908. 32 peintures de J.-C. Cazin. Pref. A. Alexandre.

H. Frantz. *A Great French Landscape Painter : J.-C. Cazin.* Studio. Novembre 1911.

H. Malo. *Les Cazin à Equihen.* Mercure de France. 1er août 1920 ; *Critique Sentimentale. Souvenirs sur les Cazin et sur Albert Lechat.* Paris. Sansot et Chiberre. Edit. 1922.

G.P. Weisberg. *J.-C. Cazin Memory painting and observation in the boatyard.* Bulletin du Cleveland Museum of Art. Janvier 1981.

M.-N. Pinot de Villechenon. *L'œuvre de J.-C. Cazin au musée de Tours.* Revue du Louvre. 5.6.1981.

The Realist Tradition. French Painting and Drawing. 1830-1900. Cleveland Museum of Art. 1981.

Dossier d'Histoire Boulonnaise. N° 35. 1982.

Catalogue de l'exposition. *Millet and his Barbizon Contemporaries.* Exposition itinérante au Japon. Textes de G. P. Wiesberg. Art Life édit. 1985.

L'œuvre de Cazin est très dispersée, néanmoins on peut voir nombre de ses travaux dans les musées suivants : Bormes-les-Mimosas *(Judith)*, projet non-exécuté pour la Sorbonne avec une suite de dessins. Boulogne-sur-Mer, Douai, Lille, Pontoise, Saint-Omer, Samer, Tours.

Tableaux du Pas-de-Calais figurant à la vente Cazin. Galerie G. Petit, le 2 mai 1908.

N° 2 *Route de Samer ; temps d'automne ou berger gardant ses moutons.* H/T. (0,46×0,51). S.B.G.

N° 9 *Les Meulettes.* H/T. (0,72×0,91). S.B.G. et daté 1896. Reprod.

N° 10 *Ecault la nuit. Retour au village par un soir de lune.* H/T. (0,59×0,72). S.B.G.

N° 13 *Portrait d'homme.* Jules Devilliez, maçon de Jean-Charles Cazin. H/T. (0,61×0,49). S.B.G.

N° 21 *Falaises d'Equihen.* H/T. (0,80×1). S.B.G. et daté 1879.

N° 22 *Fermes sur les hauts plateaux du Boulonnais.* H/T. (0,72×0,91). S.B.G. et daté 1895.

N° 23 *Samer la nuit.* H/T. (0,46×0,55). S.B.G.

N° 27 *Vieux moulin sur un mont près Samer* où Jean-Charles Cazin aimait à se rendre au soleil couchant. H/T. (0,50×0,60). S.B.D. et daté 1898.

N° 29 *Place de Calais, le marché.* H/T. (0,65×0,81).

N° 30 *Chaumières. Pas-de-Calais.* H/T. (0,38×0,46).

CHIGOT Eugène. (1860-1923.)

Son père, Alphonse Chigot, est son premier professeur. Il suit ensuite à Paris les cours de Cabanel à l'Ecole des Beaux-Arts. Il vient à Etaples en 1887 et demeure dans la région jusqu'en 1900. Il joue un peu le rôle de ténor dans le groupe des peintres d'Etaples, organisant associations et expositions. En 1895, il quitte Etaples pour Le Touquet où il poursuit, avec son inlassable dynamisme, le développement de la vie artistique.

Plus que dans ses grandes compositions comme *La légende des barques miraculeuses. St-Josse. Pas-de-Calais,* une toile de 2,27 m de haut sur 4,10 m de large et où les figures sont grandeur nature, c'est dans ses petits et moyens formats que Chigot donne le meilleur de lui-même. Il se révèle alors comme un artiste délicat qui a assisté de loin au néo-impressionnisme et y a conquis une liberté de facture et une audace de coloris qui font son originalité.

En plus de ses importants travaux faits à Etaples, Eugène Chigot appartient au groupe des peintres qui fondent le Salon d'Automne et cotoie à Paris Jean Aman, Cézanne, Maurice Denis, Dufy, d'Espagnat... Après une exposition chez G. Petit, en 1905, qui le fait connaître des milieux parisiens, il voyage dans le midi et en Italie. Durant la première guerre mondiale, il est chargé de mission comme peintre de la marine. Il s'éteint après une grave maladie en 1923.

Bibliographie

Il n'existe pas de biographie d'Eugène Chigot à ce jour. Nos informations proviennent des archives familiales et des catalogues des expositions.

Principales expositions :

1905 Galerie Georges Petit.

1919 Galerie Georges Petit.

1954 Musée Galliera.

1964 Galerie Kaplan. Londres.

1965 Galerie Jean-Paul Wick. Paris.

1969 Galerie Kaplan. Londres.

Le 2 décembre 1971 a eu lieu, à l'hôtel Drouot, une vente importante des œuvres d'Eugène Chigot, au cours de laquelle furent adjugées des toiles en rapport avec le Pas-de-Calais :

Place d'Etaples. H/T. (0,55×0,38). S.B.D.

Le port de Calais. 1917. H/T. (0,38×0,55). S.B.D.

Etaples. H/T. (0,49×0,61). S.B.G. daté 1912.

Pêcheuses à Etaples. H/T. (0,60×0,81). S.B.D. 1890. reprod.

A Etaples. H/T. (0,33×0,55). S.B.G. 1893.

On peut aussi voir des œuvres de Chigot en mairie d'Etaples :

Voiliers en baie de Canche. H/T. (0,64×0,52).

Retour de pêche. H/T. (1,10×1,96).

Hâlage du bateau à terre. H/T. (0,84×0,58).

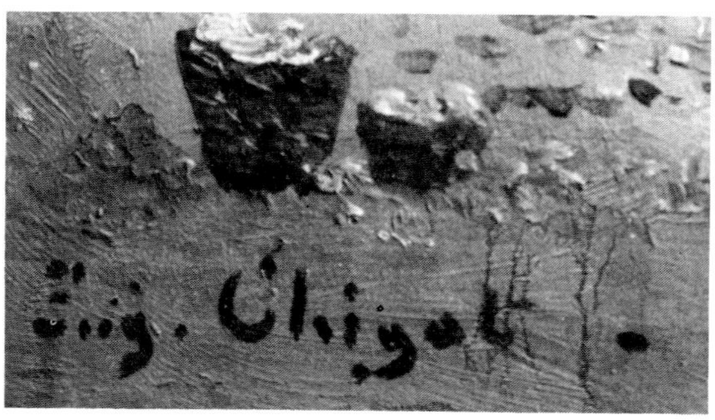

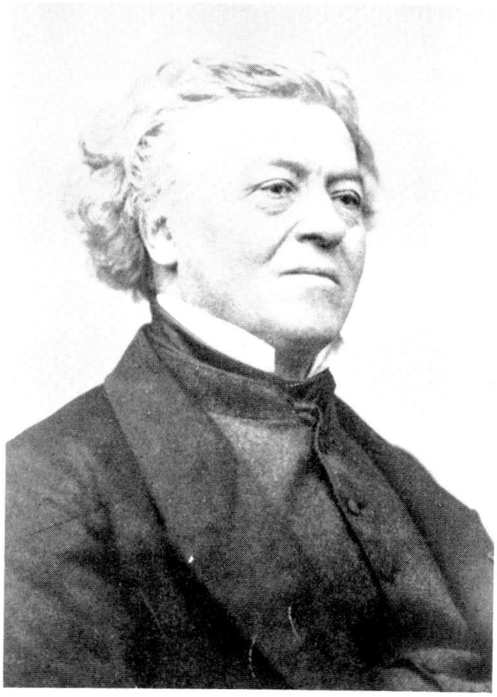

Camille Corot.

COROT Jean-Baptiste Camille. (Paris 1796 - id. 1875.)

Fils de petite bourgeoisie, ses parents lui accordent une rente pour qu'il puisse se consacrer à la peinture. Ses maîtres, Michallon puis Bertin, peintres d'Histoire, l'incitent à travailler sur le motif, près de la nature. Vers 1822-1824, il effectue ses premiers voyages dans le Nord et sur les bords de la Manche. Il séjourne ensuite en Italie à plusieurs reprises mais travaille en ignorant les maîtres, se tenant à l'écart des écoles. Voyageur impénitent, il parcourt toute la France. Il est attiré par le Pas-de-Calais à la suite de ses relations avec Alphonse Desbrochers et surtout avec Constant Dutilleux auquel il vend son premier tableau. Dessinateur admirable, Corot est un des plus grands paysagistes du XIXe siècle. Les œuvres réalisées en Pas-de-Calais, sur la côte, correspondent davantage au Corot de la deuxième manière, celui de la nuance et du sentiment. Son attention à l'étude de la lumière en fait un jalon vers l'impressionnisme.

Bibliographie

A. Robaut et E. Moreau-Nélaton. *L'œuvre de Corot.* Paris Floury 1905.

A. Schœller et J. Dieterle. *Supplément au catalogue de Corot par A. Robaut.* Paris. 1948. 1956. 1975.

Mabille de Poncheville. *Contribution du Nord à la gloire de Corot.* Paris. 1962.

Marchal et Wintrebert. *Arras au XIXe siècle.* Arras. 1987.

Œuvres de Corot sur le littoral du Pas-de-Calais

1822-24 *Environs de Boulogne-sur-Mer.* Robaut. N° 506. Vente posthume 1875.

1840-45 *Chantiers de Bateaux.* H. (0,20×0,31). Robaut. N° 541.

1850-55 Carnet de croquis n° 36. Croquis d'Abbeville, Cayeux, St-Valéry, Montreuil-sur-Mer avec notes diverses de dépenses.

La Supérieure du Couvent des Annonciades de Boulogne-sur-Mer. (0,36×0,23). Robaut n° 666. Peint pour son ami Desbrochers. Louvre. R.F. 2377.

Le Vallon. (0,35×0,53). Robaut n° 883. Louvre. R.F. 1350.

C.1855 *Sémaphore dans les Dunes.* (0,23×0,35). Robaut n° 954.

Boulogne-sur-Mer ; Moulin à vent dans les Dunes (effet d'orage). (0,23×0,38). Robaut n° 955.

Boulogne-sur-Mer ; sentier creux dominé par les arbres. Huile. (0,26×0,22). Robaut n° 956.

Boulogne-sur-Mer, un coin de ville. Toile de 4 environ. Robaut n° 957.

1855-60 *Boulogne-sur-Mer, les remparts de la Haute-Ville.* (0,25×0,26). Robaut n° 958.

Boulogne-sur-Mer, une petite place. Toile de 5 à 6. Peinte en compagnie de son ami Desbrochers à Boulogne. Robaut n° 959.

Boulogne-sur-Mer vu du haut des Falaises. (0,15×0,30). Robaut n° 960.

Carnet de croquis n° 50. *Pêcheuse, Boulogne-sur-Mer.* Robaut n° 3087.

Carnet de croquis n° 56. *Paysage ; Boulogne-sur-Mer.* Robaut n° 3093.

Carnet de croquis n° 59. Croquis près Neufchâtel. Boulogne. Etaples (petit port de pêcheurs près de Boulogne).

Pêcheur près de Neufchâtel. Pas-de-Calais. Mine de plomb. (0,135×0,22). Carnet 59. Fol. 10. Louvre. Dessins. Robaut 3081.

Vente de 1858 : *Le Portel près Boulogne* (n° 11).
Environs de Boulogne (n° 13).
St-Martin près Boulogne. (n° 20).
Moulin à Boulogne (n° 30).

COUSE Eanger Irving.

(Saginaw, Michigan, 1866 - Albuquerque, New Mexico, 1936.)

Couse étudie à l'Académie de dessin de New-York de 1883 à 1885 et vient en Europe où il suit les cours de l'Académie Julian de 1886 à 1891 avec Bouguereau et T. Robert-Fleury. Il passe ses étés en Angleterre et en Bretagne. Pendant les années 1891 et 1892, il retourne aux Etats-Unis puis revient à Paris.

C'est en juin 1893 qu'il arrive à Etaples avec son épouse. Il y habite jusqu'au printemps de 1896. Son fils, Kibbey Whitman, naît le 11 août 1894 à Etaples. Des notes conservées sur les carnets de croquis de l'artiste indiquent qu'il visite

Montreuil-sur-Mer, Enocq, Camiers et Berck. Il expose au Salon de Paris de 1888 à 1896. Parmi les œuvres exécutées à Etaples, on peut retenir :

En 1894 : *Maternité.*
La Soupe.
Le soir.

En 1895 : *La Toussaint à Enocq.*
La gardeuse.
Les ruches.
Dans le jardin.
Le pont d'Etaples.

En 1896 : *Déchargement des bateaux.*

En 1900 : *Le long du Quai.*

En 1896 il regagne les Etats-Unis où il se passionne pour les Indiens Taos qui deviennent le sujet principal des ses tableaux. A partir de 1902, il partage son temps entre le Nouveau Mexique et sa résidence de New-York. Couse était surtout connu pour ses peintures sur les Indiens d'Amérique ; il a fallu toute la passion filiale de Mme Couse-Leavitt pour mettre en lumière les travaux de son parent à Etaples. Nous y avons gagné la connaissance de quelques tableaux qui comptent parmi les meilleurs qui aient été réalisés à cette époque.

Bibliographie

Archives Couse, Tucson. U.S.A.

DAMOYE Pierre-Emmanuel. (Paris 1847 - id. 1916.)

Damoye fut l'élève de Corot, de Daubigny et de Bonnat à l'Ecole des Beaux-Arts. Des deux premiers, il tient son goût du plein air et des paysages de l'Ile de France et du Nord. Le Maître Corot appréciait assez l'élève pour posséder de lui *Les vaches au pâturage ; ville d'Avray.*

Damoye travaille à Cucq et à Merlimont dans les années 1877-1879 et expose *Les dunes de Cucq ; Pas-de-Calais* (n° 629) et *Pâturages de Cucq* (n° 630) au Salon de 1878. L'année suivante il présente *Le moulin de Merlimont* (n° 820) et en 1880 *Prairies inondées ; Pas-de-Calais* (n° 961).

Dans sa critique du Salon de 1882, C. de Fourcauld disait du peintre : « M. Damoye, peintre voluptueux, élève de Corot et de Daubigny, dessinateur

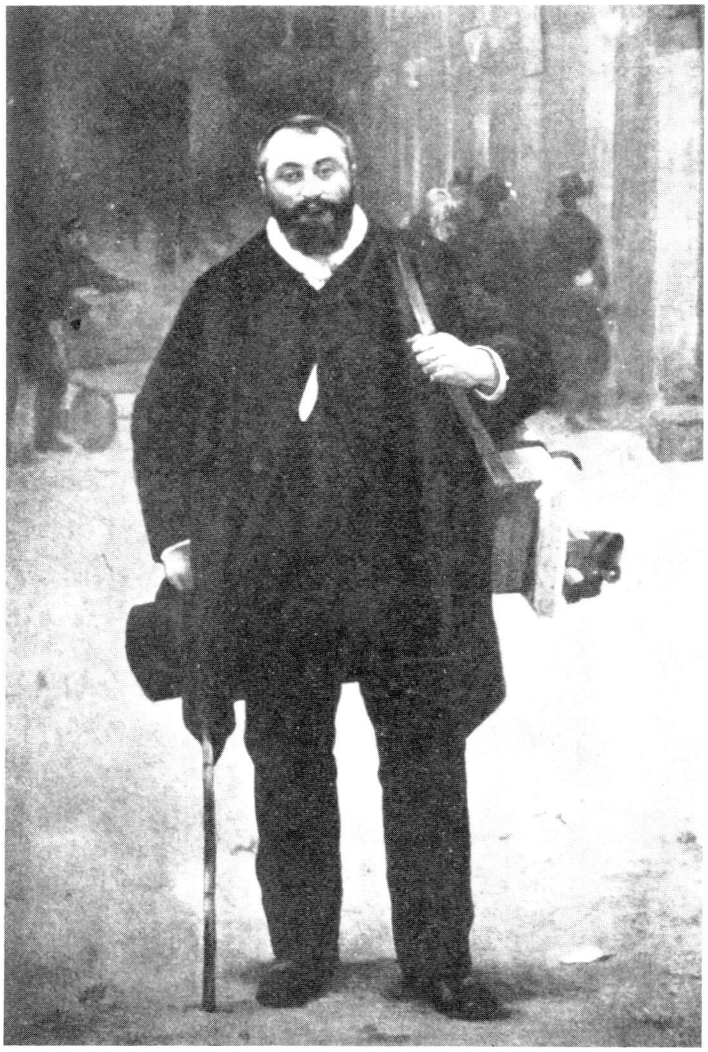

P.E. Damoye.

scrupuleux, coloriste amoureux des clairs horizons et des nuées qui courent, talent original dont l'originalité promet de s'accentuer encore ».

Le portrait que Roll a exécuté de Damoye nous laisse l'image d'un homme à forte corpulence, vêtu de la blouse et portant en bandoulière l'attirail du peintre. On peut voir ce portrait (grandeur nature) au Musée de Picardie à Amiens.

Damoye fut un des fondateurs de la Société Nationale des Beaux-Arts en 1890. La médaille d'or à l'exposition de 1889 distinguait l'artiste classé hors-concours en 1900.

Les œuvres citées dans cette notice sont les seules qui soient parvenues à notre connaissance.

DAUBIGNY Karl (Paris 1846 - Auvers-sur-Oise 1886.)

Karl Daubigny est le fils du grand paysagiste Charles-François Daubigny (1817-1878) qui lui enseigna la peinture. Il commença à exposer dès 1863. Par esprit d'indépendance et pour se dégager de la trop forte personnalité paternelle, Karl voyagea en Normandie et en Bretagne. Il vint à Berck et à Etaples, peut-être sur les conseils de son père. Ce dernier était passé à Etaples en 1871 à son retour d'Angleterre. (Sa petite peinture sur bois du Musée de Dijon *La traite des vaches dans les prés* a pu être peinte dans cette région.)

Karl est à Berck en 1876-1877 et à Etaples en 1882-1885, à un moment où l'ami Eugène Boudin est aussi à Etaples. Karl n'a pas manqué d'être stimulé par cette présence. Il affirmait sa personnalité et se dégageait des influences paternelles quand la maladie l'emporta à l'âge de quarante ans.

Bibliographie

Vente de l'atelier de Karl Daubigny. Tableaux, esquisses, études. Paris. Hôtel Drouot 22 novembre 1886. Catalogue avec une notice par H. Garnier.

Œuvres de Karl Daubigny réalisées à Berck et à Etaples de 1877 à 1885.

L'embarquement des filets pour la pêche aux harengs à Berck ; Pas-de-Calais. Exposé au Salon de 1877.

L'arrivée des pêcheurs à Berck (Somme). H/T. (1,21×1,91). S.B.G. et daté 1882. Exposé au Salon de 1882. Vente de l'atelier de l'artiste : 22 novembre 1886. N° 4. 2.850 F. Localisation inconnue.

La Baie d'Etaples à marée basse. H/T. (0,87×1,62). S.B.G. 1885. Exposé au Salon de 1885. Musée Lombart. Doullens. Somme.

La Plage. H/B. (0,22×0,34). Musée Lombart. Doullens. Somme.

Coucher de Soleil sur la Mer. H/B. (0,28×0,44). Musée Lombart. Doullens. Somme.

Barques à marée basse ; Berck. H/T. (0,63×0,75). Vente atelier Daubigny. 1886. N° 24. 190 F. Loc. inc.

Etaples. H/T. (0,46×0,82). Vente atelier Daubigny 1886. N° 43. 560 F. Loc. inc.

Plage aux environs d'Etaples. H/T. (0,70×1,40). Vente atelier Daubigny. 1886. N° 66. 340 F. Loc. inc.

Pêcherie aux environs d'Etaples. H/B. (0,27×0,62). Vente atelier Daubigny. 1886. N° 134. 250 F. Loc. inc.

Environs d'Etaples. H/B. (0,30×0,58). Vente atelier Daubigny. 1886. N° 190. 100 F. Loc. inc.

Etaples ; marée basse. H/B. (0,33×0,58). Vente atelier Daubigny. 1886. N° 193. 125 F. Loc. inc.

Bateaux à Etaples. H/B. (0,34×0,58). Vente atelier Daubigny. 1886. N° 194. 350 F. Loc. inc.

Le port et ses bateaux de pêche. H. (0,20×0,30). A figuré à l'exposition des peintres de la Côte d'Opale. Le Touquet. 1962. N° 65.

Etaples. H/B. (0,33×0,56). S.B.G. Karl Daubigny. Musée de Picardie. Amiens. Achat à la vente Daubigny. 1886.

Bord de mer. H/B. (0,315×0,54). S.B.D. Karl Daubigny. Musée de Grenoble. Legs Agutte-Sembat. 1923. Inv. 2194.

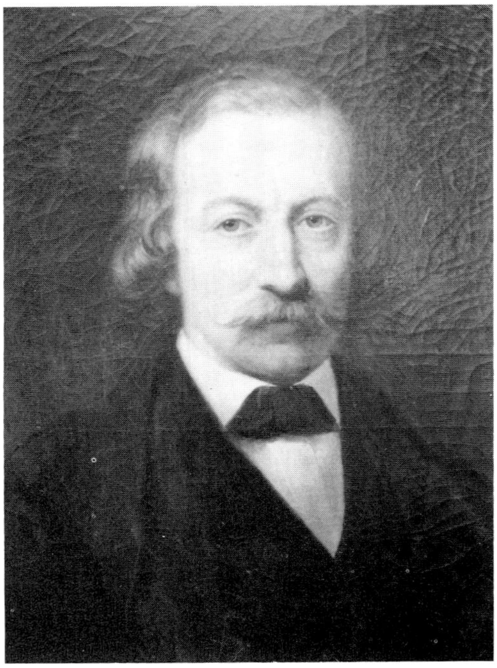

A. Delacroix.
Musée de Boulogne-sur-Mer.

DELACROIX Auguste. (Boulogne-sur-Mer 1809 - id. 1868.)

On ignore qui fut le maître de Delacroix ; sans doute celui-ci pratiquait-il avec habileté l'aquarelle et était-il rompu à l'étude de la figure humaine. Auguste Delacroix expose dès 1835, marines et aquarelles dont le sujet est essentiellement boulonnais.

A la suite d'un voyage en Afrique du Nord (Alger, Tanger et Tétouan) et d'un périple en Italie, ses thèmes évoluent. Auguste Delacroix participe au courant orientaliste. Sur les lieux mêmes parcourus par notre Boulonnais, deux illustres prédécesseurs étaient passés : Eugène Delacroix au Maroc et Fromentin en Algérie. En dehors de ces voyages, on trouve peu d'éléments extraordinaires dans la vie de cet artiste, existence rythmée des travaux et des envois aux Salons auxquels il participe jusqu'en 1865. Sur la fin de sa vie, la paralysie de la main droite l'obligea à peindre de la main gauche et c'est de la formule « sinistra pinxit » qu'il signa une *Bénédiction de la mer au Portel* au Salon de 1863.

Bibliographie

A.-N. Barbier. *Le maître d'aquarelle.* Paris. 1861.

Catalogue de la vente de l'atelier d'Auguste Delacroix. 4 avril 1867.

Journaux : *L'Impartial.* 7 novembre 1868. *La Colonne.* 8 novembre 1868.

A. Lefebvre. *L'aquarelliste Auguste Delacroix* in *Bulletin de la Société Académique de Boulogne-sur-Mer.* Hamain édit. Boulogne. 1898.

Œuvres d'Auguste Delacroix relatives au Pas-de-Calais et conservées dans les musées :

- Boulogne-sur-Mer, musée municipal.

Vue de Boulogne prise par Capécure en 1832, H/carton (0,21×0,26). S.B.G.A. Delacroix. 1832.

Le port de Boulogne en 1833. aqua. (0,18 × 0,26) Signé A. Delacroix. 1833.

Vue du port de Boulogne. H/carton. (0,265 × 0,215). Signé. 1834.

Vue de la plage de Boulogne, bateau pêcheur échoué à marée basse. H/T. (0,505 × 0,73). 1834.

Vue du port de Boulogne. H/carton. (0,265 × 0,235). Signé A. Delacroix. 1835.

Départ pour la pêche, côte du Portel. H/T. (0,33 × 0,46). Signé A. Delacroix. 1839.

Vue prise de Boulogne. H/T. (1,07 × 1,61). Signé A. Delacroix.

Jeunes filles du Portel à la bénédiction de la mer. Aqua. (0,72 × 0,54). Signé A. Delacroix.

- Calais, musée des Beaux-Arts :

Portrait de femme. Pastel (0,44 × 0,35).

- La Rochelle, musée des Beaux-Arts.

Femme de pêcheur. H/B. (0,34 × 0,26).

- Pontoise, musée Tavet.

Un pêcheur et sa petite fille. Aqua. (0,39 × 0,30).

DEMONT Adrien. (Douai 1851 - Wissant 1928.)

Adrien Demont, fils de notaire, suit à Douai les cours du peintre Léopollart et rencontre Corot à Arleux. Il devient ensuite l'élève d'Emile et Jules Breton dont il devait épouser la fille Virginie en 1880. Il participe aux expositions du Salon dès 1875. Vers 1890, le couple Demont quitte Montgeron – une bourgade qui vit la présence de Caillebotte, Monet, Manet, Sisley – pour s'installer à Wissant. Ils y font bâtir une grande demeure de style néo-égyptien : Le Typhonium. Il se constitue autour du peintre ce que l'on appelle l'Ecole de Wissant ; Georges Maroniez, Félix Planquette, Stievenart profitent des conseils et de l'enseignement du maître. Celui-ci entretient aussi de bonnes relations d'amitié avec des artistes comme Francis Tattegrain, le peintre de Berck et les Duhem qui résident à Camiers.

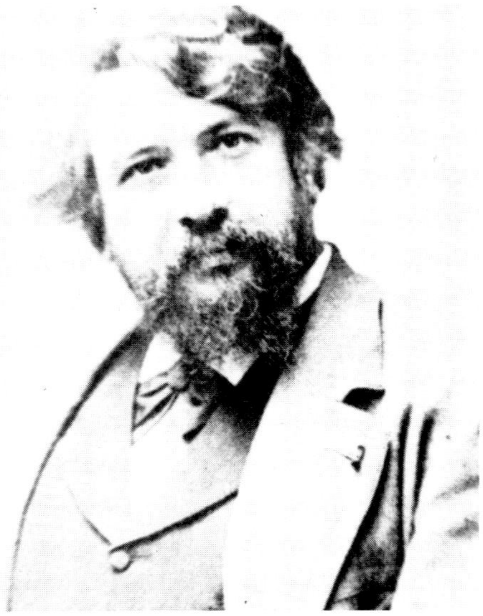

Adrien Demont.

A côté des paysages de Wissant et des environs, Adrien Demont réalise de grandes compositions à la fois symbolistes et visionnaires comme *Les Danaîdes* (Amiens, Musée de Picardie) ou *La tentation sur la montagne* (Musée d'Arras) ; des œuvres peu faciles à aborder et assez éloignées de notre sensibilité parce que peut-être trop « démonstratives ». Le paysagiste retient davantage : Adrien Demont est proche de J.-C. Cazin dans une œuvre comme *Ferme à Wissant* (Musée d'Arras), mais il atteint des accents plus personnels dans *Le mont Couple près Wissant* (H/T. 0,33×0,60. Coll. part.) où il donne dans un petit format l'impression de la grandeur et un sentiment très réel de sympathie avec les lieux.

Bibliographie

Adrien Demont. *Souvenances. Promenades à travers ma vie.* Arras. 1927.

Catalogue de l'exposition Adrien Demont. St-Omer. 1974.

Œuvres dans les collections publiques du Nord.

Arras.

La tentation sur la Montagne. H. (1,82×2,37).

Ferme à Wissant. H. (0,36×0,58).

Paysage à Wissant. H. (0,19×0,27).

Coucher de soleil. H. (0,37×0,50).

Amiens.

Les Danaïdes. H/T. (2,35×1,82).

Boulogne-sur-Mer.
L'église d'Audembert. H/B. (0,44×0,30).

Douai.
Jeunesse. H/T. (0,70×1,16) S.B.G.
La briquetterie H/T (1,16×2,61). S.B.G. 1879.
Nature-morte au pot de grès H/T (0,33× 0,40) S.B.G. 1875.

Saint-Omer.
Marais ; coucher de soleil H/T (0,51× 0,78).

Lille.
L'approche du gros temps. H/T. (0,80×1,61). S. Adrien Demont.
Les Fiançailles. H/T. ((1,10×1,55). S. et daté 1887. Salon de 1887.
Les Fiançailles (esquisse). H/B. (0,325×0,60).
Le soleil qui s'endort. H/T. (0,80×1,32). S.B.G.

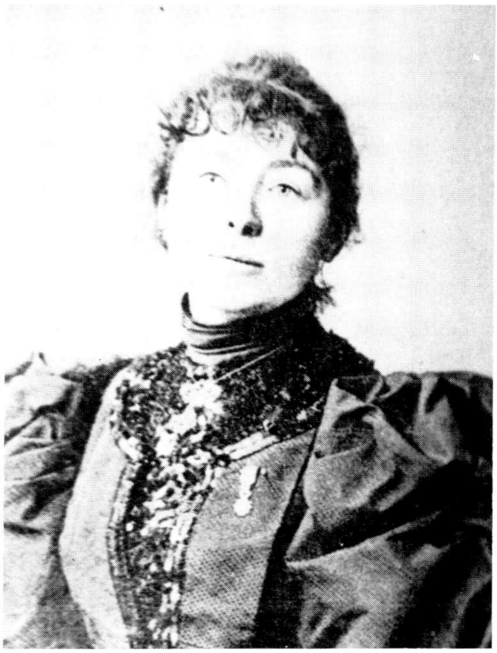

Virginie Demont.

DEMONT-BRETON Virginie. (Courrières 1859 - Wissant 1935.)

Elle était la fille de Jules Breton, devint son élève, et s'attacha très tôt à représenter des scènes de plage avec mère et enfants ; elle travailla dans de grands formats. (*La Plage*. Salon de 1883). Vers 1890, elle peignit des scènes religieuses, *Le divin apprenti* (musée d'Arras) ou *Le colombier d'Isa* (1896), voire des scènes bibliques comme le bel *Agar et Isamël* (Musée de Boulogne) dont le décor est celui du sud Algérien. Virginie Demont est tout à fait admirable dans ses esquisses, travaux d'approches, études qui savent garder toute la spontanéité de l'impression première. Présidente de l'Union des Femmes Peintres en 1894, elle lutta pour la reconnaissance des droits de la femme dans cette activité. De nombreuses distinctions virent souligner le talent de Virginie Demont, tant en France qu'à l'étranger : médaille d'or, Exposition Universelle d'Amsterdam en 1883 et de Paris en 1889.

Bibliographie

Les familles Demont et Breton ont souvent allié à des dons de peintres, des dons d'écrivains et tout comme son époux, Virginie Demont a raconté sa vie.

Virginie Demont-Breton : *Les maisons que j'ai connues*. Plon 1926-1929. 3 vol.

A. Demont. *Souvenances*. Op.cit.

Œuvres de Virginie Demont-Breton dans les collections publiques du Nord.

Amiens.
Hommes de mer. H/T. (2,50×2).

Arras.
La plage. H/T. (1,91×3,50).
Le divin apprenti. H. (0,25×0,32).
La sœur aînée. H. (0,35×0,27).

Boulogne-sur-Mer.
La pipe à bord. H/T. (0,52×0,40).
Etude pour les oiseaux de mer. H/T. (0,50×0,38).
Agar et Ismaël. H/T. (1,50×2).

Douai.
Les premiers pas.
La famille.
Portrait de Louis-Emile Breton (0,325×0,245), juin 1890.

Lille.
Les tourmentés. (1,34×2,05).

DERAIN André. (Chatou 1880 - Garches 1954.)

D'abord peintre autodidacte, Derain travaille avec Matisse à l'atelier Carrière vers 1900, puis se lie d'amitié avec Vlaminck. Après un service militaire de trois ans, il fait la connaissance d'Apollinaire, séjourne dans le midi (Collioure) et participe en 1905 au célèbre Salon d'Automne où, dans la salle « des fauves », les artistes exaltent la couleur pure. 1907-1908 est la période du Bateau-Lavoir avec Picasso, Braque, Van Dongen.

En 1909, il est à Montreuil-sur-Mer, l'année suivante à Boulogne et à Etaples. Il revient sur notre littoral durant les années 1911-1912, à Camiers notamment.

La guerre de 1914-1918 à laquelle il participe dans le Nord et dans l'Est marque une rupture dans son œuvre. Il essaie désormais de concilier l'esprit classique et la tradition et se tourne vers un certain classicisme. Admirable graveur sur bois, il donne des illustrations pour des œuvres littéraires (Pantagruel, Le Satyricon, etc.). Il exécute également des décors et des costumes de ballet (l'Enlèvement au Sérail, Aix-en-Provence, 1951).

Il vivait depuis la fin de la guerre à Chambourcy lorsqu'il disparaît, victime d'un accident d'automobile, en 1954.

Bibliographie

Jean Cassou. *Derain.* Catalogue. Musée National d'Art Moderne. Paris. 1955.

Derain. *Lettres à Vlaminck.* Paris. Flammarion. 1955.

Georges Hilaire. *Derain.* Genève. P. Cailler. 1959.

G. Diehl. *Derain.* Flammarion. 1975.

DUBUFFET Jean. (Le Havre 1901 - Paris 1985.)

Jean Dubuffet, « peut-être l'unique artiste par qui le scandale arrive encore » (G. Picon), fut un passionné du dessin. En-dehors d'un bref passage à l'Académie Julian en 1918, Dubuffet fut un autodidacte. Après son service militaire, il vit une existence isolée, remet en question la culture et les valeurs et se consacre au commerce. Il ne retourne à la peinture qu'en 1934. Déjà marié, il rencontre Emilie Carlu (d'Etaples) l'année suivante et divorce. Il épouse « Lili » quelques années plus tard. 1942 marque le début de la vie de Dubuffet vouée à la peinture. Première exposition importante à Paris en 1944 ; époque de *Mirobolus* et *Hautes Pâtes,* de nus, œuvres qui sont très diversement accueillies. Puis ce sont en 1952 ses « texturologies », *Sols et terrains* et *Pâtes battues* (1953). Le passage en Auvergne où Lili fait une cure est propice à une série de vaches dans laquelle il donne libre cours à sa verve grotesque. A partir de 1962 commence le cycle de *L'Hourloupe* qui se rattache au séjour de Dubuffet au Touquet où il s'est fait construire la villa « Mirivis ». Il réalise des travaux dans son grand atelier en juillet 1962, durant l'été de 1964 et celui de 1966. Ce cycle de peintures donne lieu à des expositions tant en

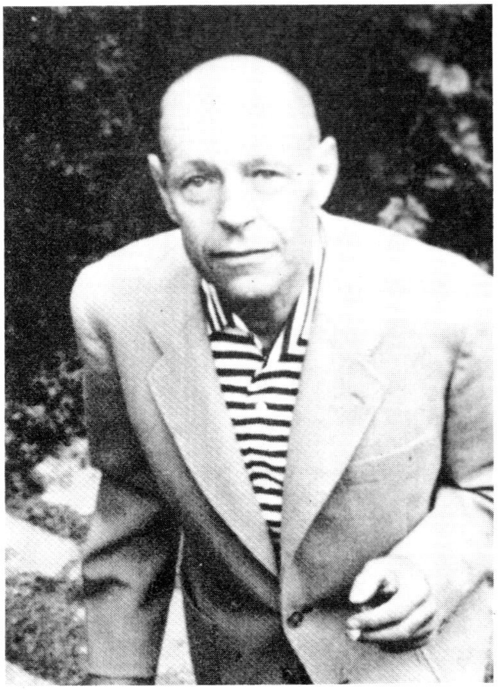

Jean Dubuffet.

France qu'à l'étranger. A partir de 1966, Jean Dubuffet est davantage préoccupé par la sculpture, dans des matériaux comme le polystyrène expansé, et des projets d'architecture.

En 1967, il fait une importante donation au musée des Arts Décoratifs et en 1974 est créée la fondation Dubuffet à Périgny-sur-Yerres. *Mires* est la dernière série de travaux qu'il achève en 1984. Mort à Paris en 1985, Dubuffet est inhumé au cimetière de Tubersent (Pas-de-Calais), près d'Etaples.

Bibliographie

Jean Dubuffet. *Prospectus et tous écrits suivants*. Paris. 2 vol. 1967.

Id. *Asphyxiante culture*. Paris 1968.

Id. *Bâtons rompus*. Paris 1986.

Catalogue des travaux de Jean Dubuffet. Fasc. XX.XXI Paris 1966 et suiv.

R. Barili. *Le cycle de l'Hourloupe*. Paris. 1976.

Catalogue de l'exposition *J. Dubuffet, paysage du Pas-de-Calais. Gratte Merluche et autres œuvres*. (1962-1964) Calais, musée des Beaux-Arts. 1984.

DUHEM Henri. (Douai 1860 - Juan-les-Pins 1941.)

Il est né d'un père magistrat à Douai. Il fréquente les peintres de Wissant, Adrien Demont, son aîné d'une dizaine d'années et Georges Maroniez qui loge aussi à l'hôtel Duval de Wissant. On signale un séjour de Duhem à Etaples où il a un atelier sur la place. Puis c'est la maison de Camiers où il réalise, en compagnie de son épouse, des toiles dans une facture néo-impressionniste et intimiste proche de Le Sidaner qu'il fréquente alors. Henri Duhem est le paysagiste de la campagne toute proche ; il tourne le dos à la mer, le regard attiré par les moulins, les champs, les hameaux.

Bibliographie

The Studio. 1901-1902. Vol. 24.

C. Mauclair. *Hommage à Marie et Rémy Duhem.* Paris. Jacomet 1924.

Henri Duhem. *Impressions d'art contemporain.* Paris. Figuière 1913.

Henri Duhem. *La mort du foyer.* Paris. Figuière 1922.

Œuvres

On peut voir les œuvres de Henri et Marie Duhem dans les Musées d'Arras, Douai, Lille, Le Touquet et au Musée d'Art Moderne de la ville de Paris.

FRANCIA Louis. (Calais 1772 - Id. 1839.)

Francia ressentit très tôt le goût pour le dessin et la peinture et dans ses temps libres travaillait à l'Académie de dessin de Calais. Probablement avec son père, il gagna l'Angleterre en 1790 et s'efforça par des exercices soutenus de devenir un bon aquarelliste. Ses progrès lui permirent d'exposer pour la première fois à la Royal Academy en 1795. Il voyage en Grande-Bretagne et expose en 1790 des vues du Yorkshire et du Cumberland. En 1800, il épouse une demoiselle anglaise, Maria Child qui lui donnera, entre autres enfants, Alexandre, qui héritera des dons d'aquarelliste de son père. En 1810, il devient membre de la Société des Aquarellistes et l'année suivante le secrétaire de l'Association. Avec le retour des Bourbons, il regagne Calais où sa réputation attire des jeunes artistes auxquels il prodigue ses conseils. Un dessin d'Alexandre-Marie Colin (Musée Carnavalet) le montre dessinant dans les dunes de Calais en compagnie de Bonington. William Wyld passe aussi dans son atelier vers 1827 ; Collignon et Tesson également. Il garde fidèles ses amitiés anglaises et reçoit à Calais des artistes de passage : Samuel Prout en 1819, David Cox dix ans plus tard. Limitant ses voyages aux quelques villes qu'il aimait comme St-Omer ou Dunkerque, il devient en 1837, deux ans avant sa mort, le directeur du Musée de Calais qui venait d'être créé par la municipalité.

Bibliographie

Ernest Lebeau. *Notice sur Louis Francia, peintre de marines, né à Calais.* (Extrait des Mémoires de la Société d'Agriculture, du Commerce, des Sciences et Arts de Calais. Année 1839-1840.)

M. Pointon. *Bonington, Francia et Wyld.* Londres. 1985.

A Reed. *Louis Francia and his son Alexandre.* Londres. 1985.

Œuvres

Le Musée de Calais possède un ensemble très représentatif de l'œuvre de Louis Francia et de son fils Alexandre.

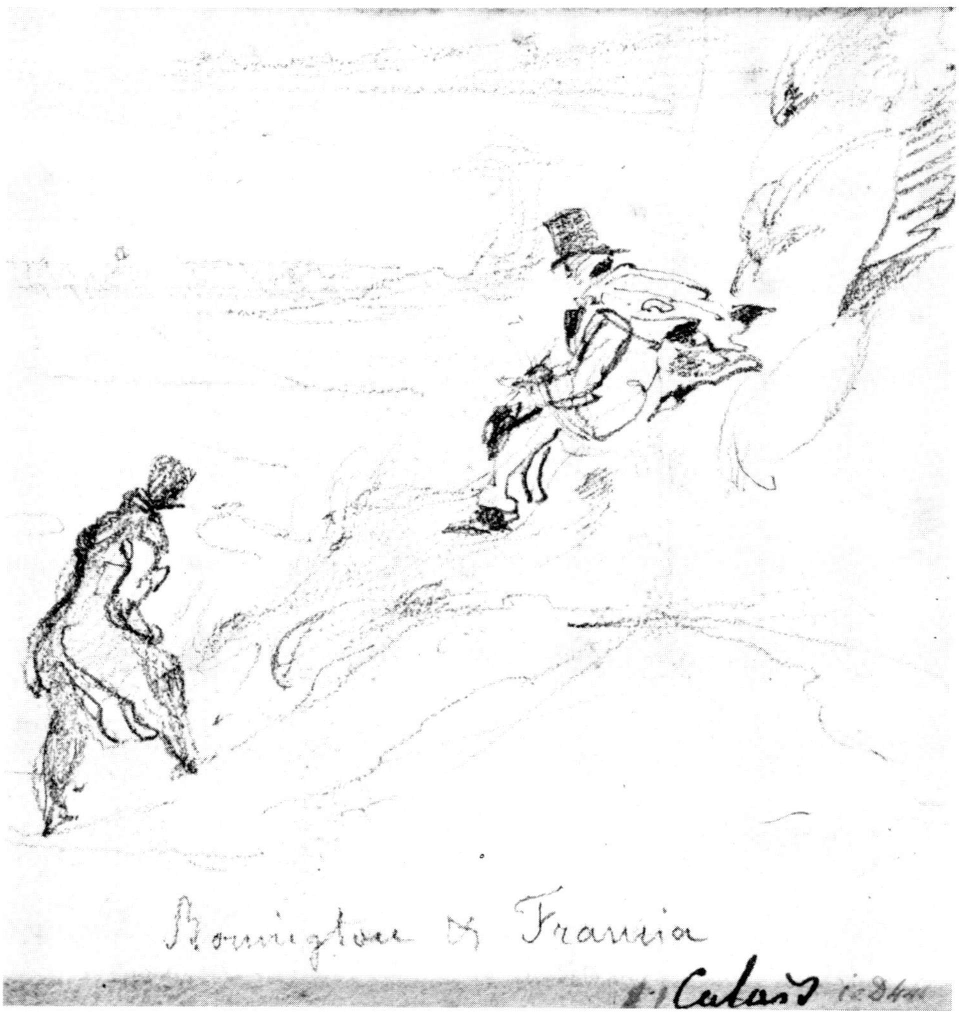

GARNERAY Ambroise-Louis (Paris 1783 - Id.1857.)

Dès l'âge de treize ans, Garneray entre dans la marine de la Première République et sert notamment sous le commandement de Surcouff. Il est fait prisonnier et connaît huit années de captivité en Angleterre. Il n'abandonne pas cependant le dessin et l'aquarelle et à sa libération devient, sur concours, peintre du grand amiral de France. Vers 1821, il commence à peindre et à graver sa série des ports de France comme l'avait fait au siècle précédent Joseph Vernet. Il a réalisé dans ce travail plusieurs vues de Calais et de Boulogne, œuvres d'un paysagiste plus soucieux du rendu panoramique que des activités spécifiques des ports comme son illustre prédécesseur.

Biographie

Exposition *Marseille et les grands ports français par Louis Garneray*. Marseille 1983-1984.

Œuvres

Vue de Calais prise le long du port.
Vue du port de Boulogne prise de la route de Paris.
Vue de Boulogne.
Vue du Fort d'Ambleteuse

JEANRON Philippe-Auguste.
(Boulogne-sur-Mer 1808 - Comborn. Corrèze 1877).

Jeanron est né à Boulogne alors que son père, artisan cordonnier, fournissait aux armées du Camp de Boulogne. A Paris, il est élève de Souchon et de Sigalon et débute au Salon de 1831 avec *Les Petits Patriotes.*

Tout en continuant à s'adonner à la peinture, il s'occupe de critique d'art, traduit les *Vies des Peintres* de Vasari qu'il illustre de portraits gravés. Ardent républicain, il est l'ami du critique d'art Thoré, mais aussi de Millet et de Charles Jacques. En 1848, il est nommé directeur des musées nationaux et occupe ce poste jusqu'en décembre 1850. Il exerce ses responsabilités avec beaucoup de compétence et d'esprit novateur pour l'époque : classement par écoles, création du Musée des Artistes Vivants (Luxembourg) et commandes officielles, à Eugène Delacroix par exemple.

L'avènement de l'Empire l'éloigne de la capitale et Jeanron fait des séjours répétés et durables à Boulogne, Equihen, Ambleteuse et Audresselles où il peint de nombreuses marines (1850-1857). Sa nomination aux fonctions de directeur de l'école de dessin de Marseille l'entraîne à peindre des paysages du midi méditerranéen. Il finit ses jours à Comborn en Corrèze où il avait acquis un propriété.

Bibliographie

M. Rousseau : *La vie et l'œuvre de Philippe-Auguste Jeanron, peintre, écrivain, directeur des Musées Nationaux.* Thèse de l'Ecole du Louvre, non publiée.

Œuvres de Jeanron exposées aux Salons et relatives au Pas-de-Calais

1853 *Vue du Cap Gris-Nez.*

La morte eau à Audresselles. (n° 650).

1855 *Au camp d'Ambleteuse, Pas-de-Calais, août 1854.* (n° 3406).

Au camp d'Equihen, Pas-de-Calais, septembre 1854. (n° 3407).

Les bergers ; vue du port abandonné d'Ambleteuse. (n° 3409).

1857 *Pose du télégraphe électrique dans les rochers du Cap Griz-Nez (Pas-de-Calais).* (n° 1433).

Pêcheurs d'Ambleteuse (Pas-de-Calais). (n° 1434).

Pêcheurs d'Audresselles (Pas-de-Calais). (n° 1435).

Vue du Fort de la Rochette au port abandonné de Wimereux (Pas-de-Calais). (n° 1436).

La longue absence - ustensiles de pêcheur. (Ambleteuse. Pas-de-Calais). (n° 1437).

Pêche à l'écluse de la Slaetz (sic), *Port d'Ambleteuse. Pas-de-Calais.* (n° 1438).

Oiseaux de mer (environs d'Ambleteuse). (n° 1439).

1859 *Départ pour la pêche de nuit au Cap Gris-Nez (Pas-de-Calais).* (n° 1614).

Œuvres de Jeanron dans les musées

Pêcheurs. Vue du Cran-aux-Œufs. Encore dénommé : *La morte-eau à Audresselles.* H/T. (1,60×2,30). Douai. Musée de La Chartreuse.

Vue d'Ambleteuse. H/T. (1,20×1,62). S.B.D. et daté Ambleteuse 1854. Cherbourg. Musée des Beaux-Arts.

Au camp d'Equihen. H. (1,60×2,11). S. septembre 1854. Chartres, Musée des Beaux-Arts.

Le camp d'Ambleteuse. H/T. (1,59×2,10). S.B.D. Ambleteuse, août 1854. Châlon-sur-Saône, Musée Denon.

Littoral d'Ambleteuse. H/T. (1,02×1,51). S.B.D. Rochefort-sur-Mer, Musée Municipal.

Au camp d'Ambleteuse. H/T. Aix-en-Provence, Musée Granet.

Le port de Wimereux. Fort de la Rochette. H/T. (1,30×1,95). Beaune, Musée des Beaux-Arts.

KOOPMAN Augustus Charlotte. (North Carolina. U.S.A. 1869 - Etaples 1914.)

Après des études à la Pennsylvania Academy de Philadelphie, Koopman travaille à Paris dans les ateliers de Bouguereau et de T. Robert-Fleury. Peintre de marines et de scènes de genre où il prend pour modèles ses propres enfants, il passe le printemps et l'été à Etaples et rayonne jusqu'à Equihen. Cependant Etaples demeure « his favourite painting ground » selon l'expression de Taylor. Ses premiers tableaux sont peints dans le goût des peintres hollandais comme H.W. Mesdag et B.J. Bloomers.

Les influences de l'impressionnisme et du post-impressionnisme avivent sa palette et lui attirent la faveur du public et des grands collectionneurs américains. Il obtient une médaille de bronze et une médaille d'argent à l'Exposition Universelle de 1900 et devient en 1912 membre associé de la Société Nationale des Beaux-Arts. A côté de la peinture, Koopman a aussi pratiqué la gravure (eaux fortes et pointes sèches).

Bibliographie

E.A. Taylor. *The paintings of Augustus Koopman.* in International Studio. N° 207. Mai 1914.

Quelques titres de tableaux réalisés à Etaples

L'Hiver. Loc. incon.

L'Adieu. Loc. incon.

Hisser la voile. Loc. incon.

De toutes ses forces. Loc. incon.

Le lancement du bateau. Loc. incon.

Le Bénédicité. Salon de 1892. N° 962. Loc. incon.

LARONZE Jean. (Générard, Saône-et-Loire, 1852 - Neuilly-sur-Seine 1937.)

Jean Laronze, écrivain d'art, se consacre vers l'âge de trente ans à la peinture. Il a pour professeurs Bouguereau et T. Robert-Fleury à l'Ecole Nationale des Beaux-Arts. Peintre des rivières et des prairies du Charolais, il débute au Salon des Artistes Français en 1883 et recueille assez vite les distinctions : 3e médaille en 1898, médaille de bronze en 1900.

En 1904, la maladie de son fils l'oblige à venir à Berck. « Sur sa terrasse de l'Entonnoir... il notait dans d'innombrables pochades... toutes les féeries du couchant, la magie de couleurs sans cesse renouvelée. » Ses toiles d'inspiration berckoise ont été exposées par l'artiste jusqu'en 1929.

Bibliographie

A. Moreau. *Jean Laronze, sa vie, son œuvre.* Librairie de l'Opéra. Paris. 1930.

Quelques tableaux de Laronze réalisés à Berck

Marine à Berck. H/T. (0,53×0,80). Mâcon, Musée des Ursulines.
Pêcheuses de crevettes. Fusain. Loc. incon.
Epaves ; soleil couchant. Musée de Tananarive. Madagascar.
L'arrivée des pêcheuses de crevettes ; Berck-Plage. Coll. part.
Sur la plage de Berck, marée montante. H/T. Coll. part.
Epaves dans la neige (Berck). H/T. loc. incon.
La plage sous la neige. H/T. Loc. incon.
Ciel d'orage ; Berck-Plage. H/T. Loc. incon.
Bateaux de Berck, soleil couchant. H/T. Salon de 1929. Loc. incon.

LECLERCQ Louis-Antoine. (Guînes 1856 - Equihen 1933.)

Leclercq est d'abord l'élève d'A. Colas à l'Ecole des Beaux-Arts de Lille, puis de Cabanel et A. Guillemet à l'Ecole Nationale des Beaux-Arts à Paris. Ce dernier maître développe chez Leclercq son goût pour le paysage. Il expose pour la première fois au salon en 1877 ; il habite alors Lille. En 1881, il vient à Equihen où, séduit par le site, il réside définitivement dans sa maison « l'Hermitage ». Il côtoie à Equihen, les Cazin et le peintre Edmond de Palézieux. Leclercq est un peintre de paysages, de natures mortes et de compositions d'un caractère intimiste proche de Le Sidaner et de Maurice Denis. C'est un artiste qui a regardé et compris Whistler, peintre de portraits. Dans une vie toute vouée à son art, Leclercq a pris, à l'instar de J.-C. Cazin, les membres de sa famille comme modèles. Son œuvre très personnelle où l'on trouve des fusains et des pastels délicats, mérite qu'on la regarde avec attention.

Bibliographie

Rétrospective Leclercq. Boulogne. Société des Beaux-Arts du Boulonnais. 1933.
La donation Louis-Antoine Leclercq. Dessins. Pastels. Peintures. Boulogne. 1985. Catalogue.

Œuvres

Un excellent ensemble des œuvres de l'artiste est à découvrir au Musée de Boulogne-sur-Mer où Mademoiselle Jeanne Leclercq a fait une admirable donation.

LEPIC Ludovic-Napoléon, vicomte. (Paris 1839 - ? 1889.)

Né d'un père familier de l'Empereur Napoléon III, Lepic fut l'élève de Gleyre et de Cabanel. Il fut ami de Bazille et de Monet. En 1874, il exposait avec Cézanne, Degas, Monet, Pissarro et Guillaumin. Il vint à Berck où, dans son atelier, passa Francis Tattegrain. Lepic a pratiqué aussi bien la peinture que l'aquarelle et la gravure. Dans ses marines, Lepic montre des bateaux aux voiles hérissées, en prise avec le vent, des bateaux échoués sur la grève dans des contrastes tons clairs (sable, ciel) et tons sombres (bateaux, voilures, épaves). Le musée de Boulogne possède un étonnant *Effet de brouillard d'été* d'une belle monochromie qui rappelle aux habitués des plages un effet climatique caractéristique de la marée montante.

Œuvres de Lepic peintes à Berck

Départ pour la pêche à Berck. H/T. (1,27×2,01). S.B.D. Lepic. Valenciennes, Musée des Beaux-Arts.

Bateaux à marée basse à Berck. H/T. (1,25×2,17). S.B.D. Lepic. Valenciennes, Musée des Beaux-Arts.

Bateaux de pêcheurs rentrant à Berck. 1877. H/T. (1,27×2,46). Lille, Musée des Beaux-Arts.

La plage de Berck-sur-Mer. H/T. (1,15×2,28). Salon de 1877. Amiens, Musée de Picardie.

La plage de Berck. H/T. (1,27×2,46). Lille, Musée des Beaux-Arts.

La pêche au hareng d'Ecosse par les barques de Berck. H/T. (1,25×2,16). Reims, Musée Saint-Denis. Salon 1879.

Effet de brouillard d'été. H/T. (0,60×0,73). Donation Lebeau. Boulogne-sur-Mer, Musée Municipal.

Berck, sortie des bateaux à la marée. H/T. 1884. Loc. incon.

Epave. H/T. (0,955×1,29). S.B.D. à Mlle Lavezzari. Cte Lepic. Berck-sur-Mer, Musée Municipal.

Quelques œuvres de Lepic exposées aux Salons

1875 *Pêche de nuit au chien de mer.* N° 1345.
Bateau boulonnais. N° 1346.

1877 *Bateau cassé.* N° 1329.
Tempête. N° 1330.

1878 *Le départ, marée haute.* N° 1415.
Le retour, marée basse. N° 1416.

1879 *La pêche au hareng d'Ecosse par les bateaux de Berck.* N° 1898.
La vierge de Grosfliers à Berck P.d.C. N° 1899.

1881 *Alerte. Berck. Octobre 1879.* N° 1425.
Plage de Berck. Panneau décoratif. N° 1426.

1885 *La rentrée du pilote.* N° 1559.
Paré à virer. N° 1560.

1887 *La plage de Berck.* Panneau décoratif.

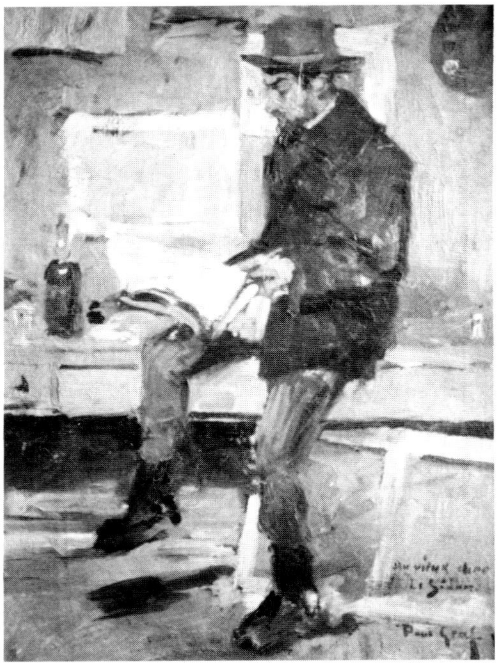

Henri Le Sidaner.
Musée du Touquet.

LE SIDANER Henri (Ile Maurice 1862 - Versailles 1939.)

La famille Le Sidaner vient en France en 1872 et habite Dunkerque. En 1884, Henri Le Sidaner suit, à l'Ecole des Beaux-Arts, l'enseignement de Cabanel. Il connaît Etaples dès 1882 et ses premières œuvres étaploises sont datées de 1884. En 1887, il présente au Salon *Après l'office*, première toile d'une veine religieuse qui donnera encore *La bénédiction de la mer* et *La communion in extrémis*. Il vit à Etaples en compagnie de peintres amis comme Eugène Vail, Thaulow, Paul Graf, Eugène Chigot et surtout Henri Duhem avec lequel il se sent des affinités. Son séjour, qui se prolonge jusqu'en 1890, correspond à la période du réalisme sentimental. Les œuvres faites ici évoquent crépuscules, situations douloureuses et mélancolie. C'est encore à Etaples que s'élabore le style de Le Sidaner marqué à la fois par le symbolisme et l'intimisme. « Le peintre du silence », selon l'expression de Charles Chassé, aime les maisons et les jardins dans la quiétude du soir, les tables non encore desservies, les natures mortes également où la disposition des objets, la lumière qui les baigne, dénote, la présence invisible des invités. Ses vues de Venise, ses béguinages endormis de Belgique, ses natures mortes comme *La tasse de thé* (musée du Touquet), sont les œuvres d'un délicat coloriste, admirable dans les passages des demi-teintes.

Bibliographie

C. Mauclair. *Henri Le Sidaner*. Paris. 1928.

Exposition *Henri Le Sidaner*. Paris. Musée Galliera. 1948.

Exposition *Le Sidaner*. Dunkerque 1974. Catalogue.

C. Levy-Lambert. *Henri Le Sidaner*. Mémoire de maîtrise. Paris. 1981.

S. Monneret. *Encyclopédie de l'impressionnisme*. op. cit.

Œuvres de Le Sidaner à Etaples

Moulin à vent ; nocturne. H/B (1,04 x 0,55). S.B.D. 1884. Calais, Musée des Beaux-Arts.

Marine ; temps gris. H/B. (1,05 x 0,55). S.B.D. Le Sidaner. 1884. Calais, Musée des Beaux-arts.

Voiliers au clair de lune. H/T (0,32 x 0,41) S.B.G. Le Sidaner. 1884. Vente Drouot. Me Lenormand. 22 décembre 1985.

Eglise Saint-Michel d'Etaples. H/T (0,45 x 0,55). S.B.G. et daté 1885. Dunkerque, Musée des Beaux-arts.

La promenade des orphelines. H/T (1,26 x 2,10). S.B.G. Henri Le Sidaner. 1888. Dunkerque, Musée des Beaux-arts.

Petite pêcheuse. H. (0,32 x 0,34) Etaples. 1889. Vente Drouot, Me Mercier. 20 mars 1985.

La communion in extremis. H/T. (1,13 x 1,48). S.B.D. Henri Le Sidaner. 1889. Douai, Musée de la Chartreuse.

La bénédiction de la mer. (esquisse). H/T. (0,29 x 0,45). S.B.G. Le Sidaner. 1891. Paris. Coll. part.

Une autre esquisse sur le même sujet a été adjugée chez Sotheby à Londres le 8 juillet 1971.

La Bénédiction de la mer. H/T. 1891. Châlon-sur-Marne, Musée municipal.

Soir de neige ; Etaples. datée 1894. Vente Drouot. 27 mai 1971.

Moulin sur la colline. H/T. S.B.D. Vente Drouot. Me Lenormand. 20 décembre 1985.

L'autel des orphelines. H/T. Arras, Musée des Beaux-Arts.

Portrait de jeune fille. H/T. (0,32 x 0,23) Etaples, Hôtel de ville.

Portrait d'Eugène Chigot. localisation inconnue.

MAILLARD Emile. (Amiens 1846 - ? 1926.)

Emile Maillard fut élève de Butin, Renouf, Lefebvre et Boulanger. Il séjourna sur les côtes du Pas-de-Calais, à Etaples dans les années 1880-1890. Maillard, peintre au Ministère de la Marine, fut très habile à rendre avec beaucoup de vérité les paysages marins. Il aime le coup de vent obligeant bateaux et équipages à lutter contre une mer écumante, voire la tempête qui dépêche *le secours suprême* (Amiens). La Manche fut donc un lieu de travail privilégié. Il peignit également au Havre. Ses œuvres sont celles d'un artiste qui a vu et admiré les marines flamandes et hollandaises du XVIIe siècle, celles de Dubbels, Backhuysen et Peeters.

Quelques œuvres d'Emile Maillard

Marine, soleil couchant. H/T. (0,64 x 0,92).S.B.D. Emile Maillard. Commerce d'art, Le Touquet.

Marine, tempête. H/T. (0,64 x 0,92).S.B.D. Emile Maillard. Commerce d'art. Le Touquet.

Le Chantier d'Etaples. H/T. Salon de 1884. n° 1601. Loc. incon.

L'embouchure de la Canche. H/T. Salon de 1885. n° 1639. Loc. incon.

Le Paul de Cassagnac, bateau de pêche à Etaples. H/T. Salon de 1886. n° 1544. Loc. incon.

Au large. H/T. Salon de 1887. n° 1567. Loc. incon.

Le secours suprême (ou *les derniers secours*). H/T. (2 x 3,85). S.B.G. Emile Maillard. 1886. Salon de 1888. Amiens, Musée de Picardie.

La pêche à Etaples. H/Panneau. (0,14 x 0,22). Dédicacé à M. le capitaine Leart. Emile Maillard.
Vente La Varenne-Saint-Hilaire, Me Lombrail, 7 décembre 1986.

Coup de vent en Manche. H/T. (0,62 x 0,92). Etaples, Musée de la Marine.

Barque de pêche fuyant au vent. H/T. Salon des artistes français de 1910. n° 1262. Loc. incon.

(Trois marines ont été mises en vente à Amiens par Me Leruste le 25 juin 1987. In Gazette de l'Hôtel Drouot. n° 25 du 19 juin 1987. reprod.).

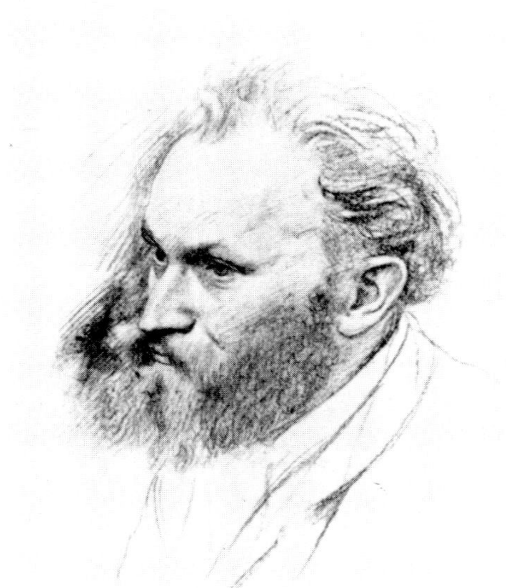

Edouard Manet.

MANET Edouard. (Paris 1832. - id. 1883.)

Sur l'incitation de son oncle, Manet suit les cours de dessin du collège Rollin et visite avec lui et Antonin Proust, les musées parisiens. Alors que son père pense faire du jeune Edouard un juriste, celui-ci veut être artiste. Manet tente, sans succès, d'entrer dans la marine et effectue un voyage en Amérique du sud.

A son retour en 1850, il passe dans l'atelier de Thomas Couture. En 1852 naît Léon Leenhoff, peut-être le fil naturel de Manet et de Suzanne Leenhoff. En 1856, il quitte l'atelier de Couture et voyage en Hollande, en Allemagne et en Italie. Vers 1860 il fait la connaissance de Baudelaire, le critique d'art qui le premier comprendra la valeur nouvelle de l'œuvre de Manet. *Le Déjeuner sur l'Herbe* de 1862 marque les débuts très controversés de l'artiste. L'année suivante, c'est le Salon des Refusés et le mariage de l'artiste avec Suzanne Leenhoff.

En 1864, il fait durant l'été un séjour à Boulogne, le premier vraiment noté par ses biographes, et qui donne lieu à la réalisation d'œuvres peintes. L'année suivante, l'*Olympia* déclenche le scandale. Manet trouve autour de lui tout un cercle d'artistes : Bazille, Fantin-Latour, Whistler, et son ami Antonin Proust, avec lesquels il se réunit au café Guerbois pour des discussions passionnées. Il est à Boulogne l'été de 1867 et de 1868. Il donne alors *Le déjeuner dans l'atelier* et *le Balcon*. En 1869, au séjour à Boulogne, s'ajoute un voyage à Londres, une année très féconde : *Jetée de Boulogne, Sur la plage de Boulogne, Le départ du bateau de Folkestone*. En août 1871, il vient se reposer à Boulogne des événements de la Commune. En 1873, il est à Berck où il produit de nombreuses marines et aquarelles.

La période 1874/1875 est illustrée par des toiles de facture impressionniste. A l'automne de 1875, il fait un voyage à Venise. Dès 1879, Manet ressent les premiers symptômes du mal qui devait l'emporter. Il donne encore, en 1882, l'admirable *Bal aux Folies Bergères*.

Œuvres d'Edouard Manet dans le Pas-de-Calais (Boulogne/mer et Berck/mer)

1864 *Bateau de pêche arrivant vent arrière* (Le Kearsarge à Boulogne). H/T (0,815 x 0,99) Sbg-Manet ; coll. part. ; (RW 75)*.

Le « Kearsarge » à Boulogne. Aquarelle (0,255 x 0,335) ; cachet atelier en b. à d. E.M. ; Dijon, Musée des Beaux-Arts ; (RWII 223).

Le « Steam-Boat », marine (Vue de mer, temps calme) ; H/T (0,74 x 0,93) Sbd-Manet ; Chicago, the Art Institute of Chicago ; (RW 78).

Les marsouins, marine H/T (0,81 x 1) ; Sbd E.M. ; Philadelphie, Museum of Art ; (RW 79)

Poissons. (Huitres, anguilles et rouget). H/T. (0,73 x 0,92). Signature posthume en bas à droite Manet. Chicago. U.S.A. Art Institute (RW. 80).

Anguille et Rouget. H/T. (0,38 x 0,465) ; Musée du Jeu de Paume ; (RW. 81).

Poissons et crevettes (Saumon, brochet, crevettes). H/T. (0,45 x 0,71) ; Los Angeles. U.S.A. Collection Norton Simon ; (RW 82).

1868 *Portrait de Mademoiselle Claus*. H/T (0,71 x 0,43) ; coll. part. Grande-Bretagne ; (RW 133).

Le balcon (étude préparatoire). Lavis (0,108 x 0,08) ; Sbg E.M. ; New York. coll. Alex. M. Lewyt ; (RW 346).

Le balcon H/T (1,69 x 1,25) ; Sbd E. Manet ; Paris, Musée d'Orsay (Galerie du Jeu de Paume) ; (RW 134)

Le déjeuner (dit l'Atelier). H/T. (1,18 x 1,53) ; Munich R.F.A. Bayerische Staatsgemäldesammlungen ; (RW 135).

1869 *Clair de Lune sur le port de Boulogne* H/T. (0,82 x 1,01) ; Sbg E. Manet ; Paris, Musée d'Orsay (Galeries du Jeu de Paume) ; (RW 143).

La Jetée de Boulogne. H/T. (0,33 x 0,45) ; Sbd E. Manet ; New York coll. part. ; (RW 144).
La Jetée de Boulogne. H/T. (0,60 x 0,73) ; Paris coll. part. (RW 145).
Pour ces deux toiles existe une série de 7 dessins préparatoires au Louvre (INV. RF. 11 169).

Sur la plage de Boulogne. H/T. (0,32 x 0,65) ; Sbd E. Manet ; Upperville Virginia, U.S.A. Coll. Paul Mellon (RW 148).
Pour ce tableau, 18 dessins au Louvre (INV. RF. 169).

Le départ du bateau de Folkestone (le départ du bateau à vapeur). H/T. (0,63 x 1,01) ; Winterthur (Suisse) coll. Reinhart ; (RW 146).

* Références du catalogue Rouart-Wildenstein. op. cit.

Le départ du bateau de Folkestone. H/T. (0,59 x 0,71) ; Sbg E. Manet ; Philadelphie, Philadelphia museum of Art, U.S.A. (RW 147).

Pour ces deux derniers tableaux, 9 dessins au Louvre (INV. RF. 30426).

Marine. H/T. (0,38 x 0,48) ; Sbg E. Manet ; Paris coll. part. ; (RW 149).

Bateau en mer, soleil couchant. H/T. (0,42 x 0,94) ; Le Havre Musée des Beaux-Arts (RW 150).

Françoise Cachin in *Catalogue Manet* 1983, date l'œuvre de 1872-1873.

Il existe pour ce tableau une aquarelle (0,18 x 0,24) dans une collection particulière américaine (RWII 252)

1871 *La partie de Croquet.* H/T. (0,47 x 0,73) ; Suisse coll. part. ; (RW 173).
Il existe pour ce tableau 12 dessins au Louvre (INV. RF. 3040).

Le port de Calais. H/T. (0,65 x 0,80) ; Sbd E. Manet ; New York coll. H.O. Havemayer ; (RW 174).

1873 *Sur la plage.* H/T. (0,596 x 0,732) ; Sbd E. Manet ; Paris, Musée d'Orsay. Galeries du Jeu de Paume ; (RW 188).

Femmes sur la plage. H/T. (0,38 x 0,44) ; Sbd E. Manet ; Detroit, U.S.A. The Detroit Institute of Arts ; (RW 189).

Les hirondelles. H/T. (0,65 x 0,81) ; Sbd E. Manet ; Zurich Coll. Bûhrle ; (RW 190).

Vaches au pâturage. H/T. (0,12 x 0,22) ; Sbd E. Manet ; Coll. de Monchy Paris ; (RW 191).

Les travailleurs de la mer. H/T. (0,63 x 0,80) ; Sb Centre E. Manet ; Los Angeles. Coll. part. ; (RW 192).

Le bateau goudronné. H/T. (0,59 x 0,60) ; Sd E. Manet ; Merion. Penn. U.S.A. Fondation Barnes ; (RW 193).

Marine. H/T. (0,50 x 0,61) ; Sbg E. Manet ; New York Coll. Carroll Carstairs ; (RW 194).

Marine H/Carton (0,20 x 0,33) ; Sbg E. Manet ; Paris. Coll. part. ; (RW 195).

Marée montante. H/T. (0,47 x 0,58) ; Sbg E. Manet ; Zurich. Coll. Bûhrle ; (RW 196).

Marine. H/T. (0,32 x 0,52) ; Sbg E. Manet ; Clevaland. Ohio. U.S.A. Cleveland Museum of Art. Fondation J.H. Wade ; (RW 197).

Plage de Berck-sur-Mer à marée basse. (Marine, temps calme). H/T. (0,56 x 0,73) ; Sbd E. Manet (de la main de madame Manet) ; Hartford. Connect. U.S.A. Musée de Hartford, Wadswordh Atheneum (RW 198).
Sur le sujet existe un dessin au Louvre (0,09 x 0,14) RF 30556.

Marine, temps d'orage. H/T. (0,55 x 0,72) ; Sbd E. Manet ; (RW 200).

Marine à Berck. (bateaux de pêche et pêcheurs). H/T. (0,48 x 0,78) ; Londres, Coll. part. ; (RW 201).

Madame Manet au balcon. H/T. (0,46 x 0,50) ; certifié d'Edouard Manet par Madame Ve Manet ; Paris. Coll. part. ; (RW 202).

A ces œuvres s'ajoutent *8 aquarelles* qui se trouvent dispersées dans des collections particulières.

Bibliographie essentielle

A. Proust : *Edouart Manet. Souvenirs.* Paris. Renouard. 1913.

E. Moreau-Nélaton : *Manet raconté par lui-même.* 2 vol. Paris 1926.

A. Tabarant : *Manet et ses œuvres.* Paris. Gallimard 1947.

D. Rouart et S. Orienti. : *Tout l'œuvre peint de Manet.* Paris Flammarion, 1970.

Rouart D. et Wildenstein D. : *Edouard Manet.* Catalogue raisonné, Genève 1975.

Catalogue de l'exposition Manet. Paris. Grand-Palais 1983 avec bibliographie.

Bibliographie concernant le Pas-de-Calais

T. Klingsor : *Manet* in L'amour de l'Art. 1922.

P. Jamot : *Etude sur Manet* in G.B.A. juin 1927.

Tabarant : *Les Manet de la Collection Havemeyer.* In Renaissance de l'art français. Février 1930.

A. de Leiris : *Manet sur la plage de Boulogne-sur-mer.* In G.B.A. janvier 1961.

A.C. Hanson : *A group of marine paintings by Manet.* In Art Bulletin. Décembre 1962.

R. Goldwater : Art News. Mars 1966.

SL Faison JR : *Wadsworth Atheneum, baroque and nineteenth Century painting*, in Apollo, december 1968.

H. Florent : *Manet et Boulogne-sur-Mer.* Les Cahiers du Vieux Boulogne nº 20, 21, 23, 1983.

MARONIEZ Georges (Douai 1865 - Paris 1933.)

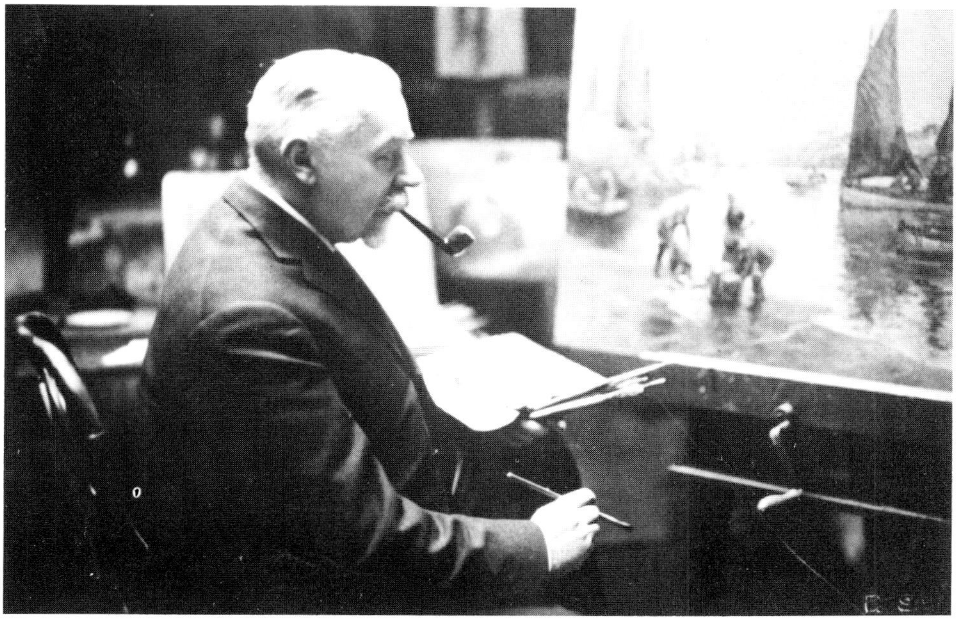

Georges Maroniez.

Dès sa jeunesse, Georges Maroniez parcourait la campagne des environs de Douai, les bords de la Scarpe pour dessiner. Ses parents le destinant au droit, il mena de front les deux occupations et entra dans l'atelier de Pierre Billet à Cantin. Cependant, il était juge d'instruction à Boulogne, Avesnes puis Cambrai. A Wissant, il fréquenta les Demont, douaisiens comme lui, et devint l'élève le plus doué d'Adrien Demont. Il fit la connaissance de Duhem et de Planquette. Son penchant pour l'art l'entraîna à abandonner la carrière de juge pour se consacrer tout entier à la peinture. Il eut un vif intérêt pour la côte boulonnaise et a peint avec beaucoup de justesse les travaux des marins et de leurs familles : retour de pêche sur des plages luisantes sous la lune, bord de mer d'où l'on guette la rentrée du marin ; en dehors de ses marines, Maroniez a réalisé de nombreuses pochades évoquant les travaux des champs dans le goût de Millet et de Jules Breton, mais avec une vivacité de tons et des dons d'observation qui traduisent tout le plaisir de peindre.

Sa participation aux expositions des Amis des Arts de Douai, au salon des Artistes Français à Paris où il était classé hors concours en 1906, assurèrent sa renommée. Après la Première Guerre Mondiale, il s'était installé à Paris et avait un atelier rue d'Aguesseau.

Bibliographie

Georges Maroniez. Amis de Douai. Juin 1966.

Archives familiales.

Œuvres

L'œuvre de Maroniez, prisée du public, se trouve dispersée. De nombreuses esquisses, pochades, dessins, toiles, demeurent cependant dans les collections familiales.

MARQUET Albert. (Bordeaux 1875 - Paris 1947.)

Né à Bordeaux, Marquet s'intéressa très jeune, à la vie du port et sa mère encouragea ses goûts pour le dessin. Aux Arts Décoratifs à Paris, il se lia d'amitié avec Matisse en 1890.

Cinq ans plus tard il entrait à l'Ecole Nationale des Beaux-Arts où il recevait l'enseignement de Gustave Moreau. En 1901, il expose au Salon des Indépendants et il est parmi les peintres qui figurent dans « la cage aux Fauves » au salon de 1905 avec Dufy, Derain, Vlaminck, Matisse. Puis sa palette s'assagit dans le respect de la nuance et de la mesure. Marquet, que son goût du paysage rend mobile, entreprend d'innombrables voyages en France et à l'étranger, surtout vers les années 1930. (Europe du Nord et du Sud, Afrique du Nord). Il est à Boulogne en 1930 où il loge en face du port. Les grandes surfaces de couleur, les ombres lumineuses, caractérisent les œuvres de la pleine maturité.

Bibliographie

Exposition *Marquet*. Galerie Schmit. Paris 1967. Catalogue.

Marquet. Exposition Bordeaux-Paris. 1975-1976. Catalogue.

Marcelle Marquet. *Marquet. Voyages*. Lausanne. 1968.

Œuvres de Marquet à Boulogne-sur-Mer

Port de Boulogne H/T. (0,65 x 0,82). Saint-Tropez, Musée de l'Annonciade.

Le port de Boulogne. H/T. (0,65 x 0,82). S.B.G. 1930. Exposition Marquet. Galerie Schmit 1967. n° 71. reprod.

Le port de Boulogne. H/T. (0,33 x 0,41). S.B.G. 1930. Exposition Marquet. 1967. n° 72. reprod.

Boulogne-sur-Mer. H/T. (0,32 x 0,40). S.B.G. coll. part. Lausanne. reprod. in *Marquet. Voyages*. op. cit.

Boulogne-sur-Mer. Aqua. (0,225 x 0,30). Exposition Marquet. Paris. 1967. n° 114.

Boulogne. Aqua. (0,11 x 0,13). S. et daté 1930. Vente Hôtel Drouot. Me Loudmer. 29 novembre 1984.

Boulogne. Mine de plomb et lavis S.B.G. Marquet. Boulogne 1930. Cliché Musée de la Marine. Paris n° Ph.25561. Loc. incon.

Le Musée de Boulogne-sur-Mer possède cinq petits dessins de Marquet en rapport avec son séjour en 1930 :

Le camion sur le quai. encre. (0,105 x 0,105). S.D.

La ville de Boulogne. encre. (0,11 x 0,14). S.G.

Le port. encre. (0,105 x 0,105). S.D.

Le quai. crayon. (0,085 x 0,14). S.D.

La grue. crayon. (0,105 x 0,105). S.D.

REID Robert. (Stockbridge Mass. U.S.A. 1862 - ? 1929.)

Reid entre à l'école des Beaux-Arts du musée de Boston en 1880 et y reçoit quatre années de formation. L'enseignement assez académique de l'anatomie est complété par ses propres études du paysage. En 1885, il entre à l'académie Julian à Paris dans l'atelier de Boulanger et de Lefebvre. L'année suivante il est à Etaples, sans doute jusqu'en 1888. Les lettres envoyées à sa sœur restée aux Etats-Unis donnent d'intéressantes précisions sur ses conditions de travail. A Etaples, il conserve une prédilection pour les tableaux religieux ou intimistes. Ses scènes d'intérieur ou d'extérieur s'appuient souvent sur des études très précises. Il réalise ainsi *Le Christ enfant dans l'atelier de Joseph.*, dont le décor est inspiré par l'atelier d'un vieux charpentier, *Une première communiante* qu'il expose au Salon de 1887. Son séjour est coupé d'un voyage en Italie, de Venise à Naples, pendant lequel il admire les grands maîtres italiens. Il peint encore à Etaples, *La fuite en Egypte*

(Salon de 1888), *Avant le départ des bateaux* (Salon de 1889). Peu après cette dernière participation, il rentre aux Etats-Unis et s'installe à New-York. *La mort du premier né* peint en 1888, à Etaples, est le premier tableau qu'il expose à son retour. Il poursuit son travail de peintre où se marquent plus nettement les influences de l'impressionnisme.

Etaples. Pas-de-Calais. Le 6 sept. 87

Ma chère sœur,

... Je travaille à ma toile pour le prochain salon et cela avance bien... J'ai déjà fait une esquisse et deux pochades... Le sujet en est, cette fois, complètement étaplois... C'est le retour des bateaux de pêche (ou plutôt, l'arrivée des bateaux, le déchargement). Les bateaux sont rassemblés près de la plage... Au milieu tableau, un groupe d'hommes déchargent des paniers remplis de poissons qu'ils font passer à terre. Au premier plan, un groupe de trois (le père porte le bébé). La fille et la mère regardent et accueillent les marins. Juste une touche d'émotion. Le groupe central est le plus important. La lumière est d'une qualité extraordinaire...

Bibliographie

Robert Reid's papers. Smithsonian Institution. New York.

H.B. Weinberg. *Robert Reid. Academic impressionnist.* Archives of American Art Journal. n° 1, 1975.

RICARD-CORDINGLEY Georges. (Lyon 1873 - Cannes 1939.)

Ricard devient orphelin de père à l'âge de deux ans et sa mère d'origine anglaise partage alors sa vie entre Lyon et Boulogne-sur-Mer. Doué très précocement pour le dessin, il suit les cours de l'Ecole des Beaux-Arts de Lyon puis, à Paris, ceux de J. Lefebvre et de B. Constant. Il se révèle alors disciple de Jean-Charles Cazin avec lequel il se sent des affinités. A la suite du décès de sa mère, il séjourne en Angleterre dans sa famille maternelle et c'est là qu'il sent naître son goût pour les marines. Il y réalise aussi des portraits. En 1895, il est à Boulogne-sur-Mer où il cotoie les marins et observe leurs activités. Quelques années plus tard (vers 1901) il a son premier atelier rue des Tintelleries. Jusqu'en 1909, il effectue de très nombreux travaux à Boulogne, tous orientés vers la mer. Il entreprend en 1909 un voyage en Australie qui lui permet d'organiser des expositions et de se faire connaître aux antipodes. A la fin de la Première Guerre mondiale, il se rend sur les bords de la Méditerranée et même s'il possède une villa boulevard Sainte-Beuve à Boulogne où il réside de façon épisodique, le peintre a désormais le regard tourné vers d'autres ciels, d'autres paysages ; il fait ainsi plusieurs voyages en Afrique du Nord et surtout au Maroc (1933) d'où il rapporte des œuvres hautes en couleur. Il finit par adopter définitivement le midi où il participe à la vie mondaine de la Côte d'Azur.

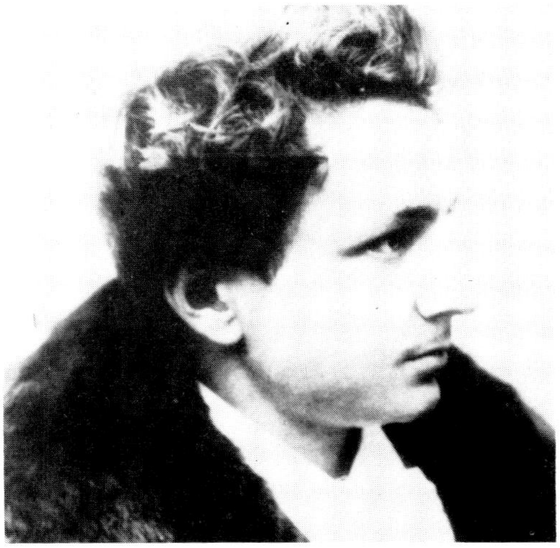

Georges Ricard-Cordingley.

Bibliographie

Catalogue de l'exposition Ricard-Cordingley. Palais Carnoles. Menton. 1981. et Le Touquet. 1986.

On peut voir au Musée de Boulogne-sur-Mer :

Le port de Boulogne-sur-Mer. H/T. daté de 1904.
Effet de vagues. H/Carton. (0,38 x 0,26). S.B.G.
Marine. H/B. (0,38 x 0,26). S.B.G.
Effet de vagues. H/Carton. (0,38 x 0,26). S.B.D.
Barque sur la plage. Gouache/carton. (0,38 x 0,28). S.B.G.
Vague contre la falaise. H/B. (0,26 x 0,34). S.B.G.
Paysage. H/carton. (0,38 x 0,25). S.B.G.

ROUSSEL Charles. (Tourcoing 1861 - Berck 1936.)

Issu d'une famille où l'on pratique les arts, Charles Roussel suit à seize ans les cours de dessin de l'Ecole de Tourcoing. En 1882, il est admis à l'Ecole des Beaux-Arts de Paris dans l'atelier de Cabanel et de Weerts. Cette même année, il découvre Berck qui lui laisse une impression profonde. Durant deux ans il voyage (Italie, Espagne, Pays-Bas). En 1884, il décide de se fixer à Berck et commence une production abondante ayant pour sujet les pêcheurs de Berck et les estivants qui viennent plus nombreux dans la ville balnéaire. Il est familier de Tattegrain et participe au Salon des artistes Français dès 1887. En 1927, il devient définitivement berckois et multiplie ses études de paysages et de dunes. Il s'éteint à Berck en 1936. Depuis quelques années plusieurs expositions ont contribué à faire connaître l'œuvre de ce peintre attachant.

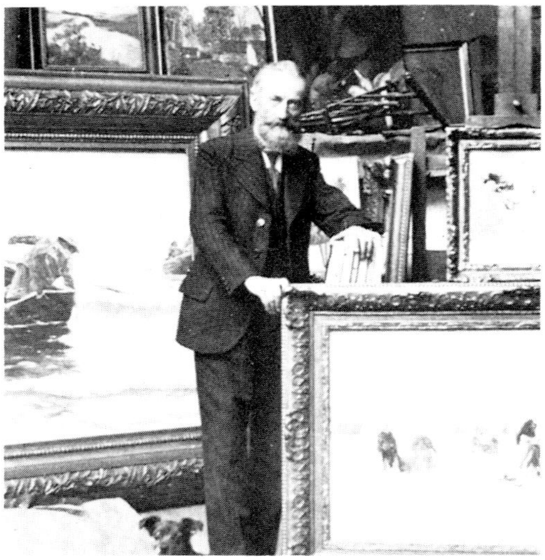

Charles Roussel.

Bibliographie

Exposition *Charles Roussel.* Le Touquet. 1983.
Hommage à Charles Roussel. Tourcoing, musée des Beaux-Arts. 1987. Catalogue.

Œuvres

Le musée municipal de Berck possède un bel ensemble de ses œuvres.

TATTEGRAIN Francis. (Péronne 1852 - Arras 1915.)

Tattegrain fut de bonne heure attiré par les arts et suivit l'enseignement de l'Ecole des Beaux-Arts à Paris dans l'atelier de Lefebvre. A Berck, le comte Lepic l'accueillit dans son atelier et lui prodigua ses encouragements. Tattegrain aborda la grande composition historique comme dans *Le Sac de Saint-Quentin par les Espagnols* (musée de Saint-Quentin), ou encore *Le passage du gué d'Etaples par les Boulonnais en fuite* (musée de Boulogne). Il y exprime avec force, l'horreur de la guerre. A Berck, dans un autre genre, il peint la vie des marins berckois, tableaux qui « n'ont rien des grâces d'idylle et on y sent à plein nez le goudron et la marée ». Ses portraits de pêcheurs sont réalistes et il a élaboré un type d'homme de mer qui a depuis fait florès. Ses *Portraits des Pensionnaires de l'Hôpital Maritime de Berck* sont d'étonnantes petites pochades sur bois où, d'une pointe acérée, l'artiste a noté le nom de chacun des vieillards. Il s'adonne aussi au paysage. Il aime le vallonnement des dunes, la nature sauvage où se perd la silhouette d'un douanier ou d'un curé chasseur. Tattegrain a participé aux Salons et son talent a été distingué par des médailles d'or (en 1899 et en 1900).

Bien que ses toiles soient dispersées, on peut se faire une juste idée de son talent dans les musées de Berck et de Boulogne.

THAULOW Frits. (Oslo 1847 - Volendam, Hollande, 1906.)

Thaulow est élève de l'école des Beaux-Arts d'Oslo ; à Copenhague, il étudie avec Sorensen. Il gagne ensuite Carlsruhe où il fréquente l'atelier de Hans Gude. Marié à Ingebord Gad, belle-sœur de Gauguin, il est à Paris en 1875. L'artiste effectue de nombreux voyages entre la France et les pays nordiques. Il reste donc en contact avec ses amis peintres auprès desquels il joue le rôle de chef d'école du pleinairisme. Séparé de sa femme, il épouse une artiste d'origine russe (1886). En 1892, il est à Camiers (juillet) puis à Montreuil-sur-Mer (en septembre/octobre). Il y connaît Les Duhem, Le Sidaner, Graf, et les peintres de la colonie étaploise. Il passe l'hiver à Paris et l'été à Montreuil où il demeure jusqu'au printemps de 1894. L'année suivante, après des visites à Abbeville et Amiens, il réside à Dieppe où il a un atelier. Ses succès lui permettent de mener une vie mondaine active (amitié de J.E. Blanche et de Strinberg). Si en août 1900 il est à Ambleteuse, on le rencontre davantage dans les campagnes, près des rivières dont il affectionne les rives. De même Monet peint la cathédrale de Rouen à différents moments du jour, de même Thaulow peint les rivières selon les saisons. Il n'adopte pas cependant la technique de Monet et conserve une liberté de facture qui lui permet de rendre avec beaucoup d'habileté des miroitements des eaux courantes.

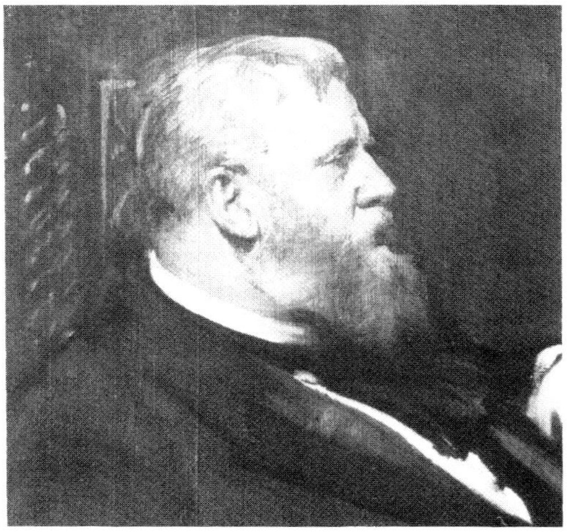

Frits Thaulow.

Bibliographie

Catalogue de la vente Thaulow. Galerie G. Petit. Paris. 6/7 mai 1907.

S. Monneret. *L'Impressionnisme et son époque.* Denoel. 1978.

Frits Thaulow. Hirschl et Adler Gall. New York 1985.

Œuvres de Thaulow

Camiers. H/T. (0,24 x 0,41). S.B.D. F. Thaulow. Août 92. « A mon ami Le Sidaner ». Le Touquet, Musée Municipal.

Les moulins de Montreuil-sur-Mer. H/T. (0,74 x 1). S.B.G. F. Thaulow 92. Coll. part. Le Rayol. Var.

Camiers la nuit. Pastel. (0,42 x 0,60). S.B.D. Fritz Thaulow. 92. coll. part. Le Rayol. Var.

Montreuil la nuit. Pastel. « A mon cher ami Pierre Colle. 1er août 1893 ». F. Thaulow. coll. part.

Les bords de l'Hautie (sic) ; *effet de lune.* H/T. (0,55 x 0,46). S.B.D.

Les marais de Frévent (Pas-de-Calais). H/T. (0,64 x 0,80). coll. Amell's. Stockholm. Suède.

TURNER Joseph Mallord William. (Londres 1775 - id. 1851.)

Turner, fils d'un barbier, suit les cours de la Royal Academy de 1789 à 1793. Il voyage en Grande-Bretagne et ses premières œuvres appartiennent encore, par le style, au XVIIIe siècle. Il analyse l'œuvre de Cozens et cotoie Girtin. Après 1800, ses travaux à l'huile l'emportent en nombre sur ceux à l'aquarelle sans que cette dernière ne perde toutes ses qualités de spontanéité.

En 1802, il fait un premier voyage en France de juillet à octobre. Il prend force croquis au cours de ses déplacements à partir desquels il travaille ses toiles. Il a ainsi rempli 49 carnets et fait plus de 3000 dessins lors de ses seuls voyages en France. « Ces auxiliaires de la mémoire » comportent de nombreuses annotations qui ne sont parfois intelligibles pour que l'artiste seul. *La jetée de Calais* est exposée en 1803. Deux ans plus tard il ouvre sa propre galerie à Londres. Turner se montre alors un peintre admirateur des grands maîtres des XVIIe et XVIIIe siècles et un artiste très libre dans sa technique picturale, liberté qui lui vaut parfois l'incompréhension de ses contemporains. Durant la période 1826-1833, Turner réalise d'autres séjours qui donnent naissance à *Pas-de-Calais, passengers going on board* (1827) et *Plage de Calais, marée basse ; des poissardes récoltant des appâts* (1830).

Le mécénat du 3e Lord Egremont lui permet, à Petworth, d'exprimer son esprit d'abstraction pendant les années 1829-1837. Son dernier passage sur nos côtes au printemps de 1845 l'emmène de Calais à Boulogne et il voit Ambleteuse et Wimereux, sur les lieux mêmes où son compatriote Bonington avait séjourné quelques années plus tôt. Là, dans une extrême économie de moyens, « le paysage n'est plus qu'espace fait de lumière ».

Bibliographie

Turner en France. Centre culturel du Marais. Paris. 1981.

Exposition Turner. Paris. Grand Palais. 1984.

Œuvres de Turner dans le Pas-de-Calais

Carnets de croquis (Londres, National Gallery) :

1802. T.B. LXXI. Jetée de Calais. Petit carnet.

1802-1805. T.B. LXXXI. Jetée de Calais.

1826-1833. T.B. CCLX. Dessins en relation avec la série des fleuves de France.

1845 (mai). T.B. CCLVII. Ambleteuse et Wimereux. Carnet de croquis. 15 croquis de marines en couleur.

T.B. CCLVIII. Boulogne. Carnet de croquis. « 24 indications ou idées sur Boulogne en couleur ».

Huiles sur toile :

La jetée de Calais avec poissards se préparant à prendre la mer. H/T. (1,72 x 2,42) Londres, National Gallery.

Pas-de-Calais, passengers going on board. 1827. H/T. Manchester, City Art Galleries. G.B.

La plage de Calais à marée basse, des poissardes récoltant des appâts. H/T. (0,73 x 1,07) Bury, Bury Art Gallery and Museum. G.B.

VAIL Eugène Laurence. (Saint-Servan 1857 - ? 1934.)

Né en Bretagne d'un père américain, lui-même artiste, Eugène Vail étudie à « l'Art Student League » de New York avec Beckwith et Chase, puis à l'école des Beaux-Arts à Paris avec Dagnan-Bouveret, Collin et Cabanel. Ce dernier l'aurait incité à travailler en dehors des institutions et Vail se rend à Pont-Aven.

Vers 1883, il est à Etaples où il vit une bonne dizaine d'années parmi la colonie de peintres. Il aime la vie des pêcheurs, s'habille de la vareuse et embarque avec les hommes pour des sorties en mer. Ses connaissances techniques – il est ingénieur – ont dû aussi en imposer aux équipages. Peintre exigent, Vail connaît des débuts difficiles. « Bien qu'il soit un très bon peintre, il semble que ses toiles ne se vendent pas du tout » dit de lui Madame Couse. Cependant un riche mariage en 1890 le met à l'abri des contingences matérielles et permet même à sa jeune femme d'aider les artistes dans le besoin. Son talent est reconnu grâce aux nombreuses expositions auxquelles il participe à la Société des Artistes Français, et il obtient une médaille d'or à l'Exposition Universelle de 1889 pour son tableau *Paré à Virer*. Peu après son mariage, Eugène Vail va chercher en d'autres lieux des sources d'inspiration et ce sont les automnes passés à Venise et les étés en Suisse. En 1921, il expose à la galerie G. Petit à Paris 83 œuvres parmi lesquelles des peintures, des aquarelles, des pastels et des gouaches. Une rétrospective eut lieu à la Société Nationale des Beaux-Arts au lendemain de la mort de l'artiste en 1935 et une autre à la galerie Charpentier en 1937.

Bibliographie

Correspondance Couse. Archives Couse. Tucson. U.S.A.

Rétrospective Eugène Vail. Galerie Charpentier 1937.

Œuvres

Mer du Nord. H/T. (0,69 x 0,99). S.B.D. Eugène Vail. Le Touquet, Musée Municipal.

Bateau de pêche sur la mer. H. (0,32 x 0,23). Coll. part. Paris.

Paré à virer. H/T. Corcoran Gallery. Washington. U.S.A.

La Veuve. H/T. S.B.G. Eugène Vail 1897. loc. incon.

Soir d'automne, Etaples. H/T. Salon de 1894 n° 1772.

Parmi les tableaux exposés à la rétrospective Galerie Charpentier en 1937 on pouvait relever :

n° 1. *La baie d'Etaples.*

n° 2. *Etaples.*

n° 3. *La vieille place d'Etaples.*

n° 8. *Marine ; Berck.*

n° 9. *Marine ; Berck.*

Abréviations utilisées

aqua.	aquarelle
C.	abréviation de circa (environ)
coll. part.	collection particulière
H.	huile
H/B.	huile sur bois
H/T.	huile sur toile
loc. incon.	localisation inconnue
op.cit.	ouvrage cité en bibliographie
S.	signé
S.B.D.	signé en bas et à droite
S.B.G.	signé en bas et à gauche
0,30×0,50	dimensions de l'œuvre en mètre ; le premier chiffre indique la hauteur, le second la largeur

Notes

1 *Coup de vent sur la rade d'Alger.* H/T. (2,58 x 4,18). Paris. Musée de la Marine.

2 *Brisants à la pointe de Granville.* H/T. (0,68 x 1,03). Paris. Musée du Louvre.

3 E. Chesneau. *La peinture anglaise.* Quantin ed. Paris.s.d.

4 Evelyn Joll in *Catalogue de l'exposition Turner* Paris. 1983-1984. p. 116.

5 Par peinture tonale, il faut comprendre l'usage par l'artiste de teintes allant du plus clair au plus foncé ; Turner dans *La Plage de Calais* juxtapose des zones colorées, tons froids/tons chauds, sans véritable transition.

6 *Côte de Picardie.* H/T. (0,368 x 0,507) Londres. Victoria and Albert Museum.

7 *Vue de Calais prise de la rade.* aqua. circa 1818. Paris. B.N.E.

8 *Un marché au poisson à Boulogne.* aqua. Louvre. Cabinet des dessins.

9 *L'Eglise St-Gilles.* aqua. Londres. Victoria and Albert museum.

10 Dubuisson : op. cit. Paris 1927.

11 Voir *Calais pier and the Fort Rouge.* Manchester. Witworth Art Gallery. Grande-Bretagne.

12 *Calais from the sea.* H/T. (0,61 x 0,92). Calais. Musée des Beaux-Arts. On connaît encore de ce peintre : *Lougre français rentrant à Calais* (Loc. incon.) et *La plage du Portel.* 1842 (loc. incon.).

13 H. Focillon. op. cit. p. 128.

14 Kenneth Clark. *La peinture romantique anglaise et les préraphaélites.* Paris 1972. Introduction.

15 *Jeunes filles du Portel à la Bénédiction de la mer.* Aqua. (0,72 x 0,54). S.B.G. Musée de Boulogne.

16 *Jeune Matelot.* (0,50 x 0,36). S.B.G. Musée de Boulogne.

17 Voir biographie.

18 *Portrait de Femme.* Pastel. (0,44 x 0,35) Calais. Musée des Beaux-Arts.

19 *Une Causerie.* Salon de 1847. n° 453.

20 Vente de l'atelier de l'artiste n° 74.

21 *Le Magasin Pittoresque.* 1853. T.XXIII cité par M. Rousseau in *La vie et l'œuvre de Philippe-Auguste Jeanron* ; 1935. Thèse Ecole du Louvre non publiée.

22 Voir par exemple *Les Petits Patriotes* (Musée de Caen).

24 P. de Chennevières. *Souvenirs d'un directeur des Beaux-Arts.* § III p. 80. Paris. Arthéna. 1979.

25 Le Musée de Boulogne-sur-Mer possède de Jacquand : *La dernière entrevue de Charles 1er avec ses enfants.* H./T. (2,12 x 1,55). L'artiste a composé durant son séjour à Boulogne deux toiles : *L'Amende honorable* et *Le Sacrilège* qui ont figuré au Salon de 1853.

26 *L'arrivée de la Reine d'Angleterre au port de Boulogne le 18 août 1855.* H./T. (0,80 x 1,50) signé et daté 1858. Musée de Boulogne-sur-Mer.

27 *Boulogne le 15 février 1859*
Monsieur le Maire,
Je viens d'apprendre que sur votre bienveillante proposition le conseil municipal a, dans sa séance du 11 février, voté l'acquisition pour le musée de mon tableau de l'Arrivée de la Reine d'Angleterre au port de Boulogne le 18 août 1855. J'apprécie tout ce qu'a d'encourageant pour moi cette décision.
Veuillez, je vous prie, Monsieur le maire...
E. Bénard

28 Chronique Moderne de Boulogne-sur-Mer, année 1858.

29 Il fera ses envois au Salon jusqu'en 1869.

30 *Paysage.* H./B. (0,25 x 0,57) Don Delepierre 1967.

31 *Vue du Moulin près de Boulogne.* H./T. (0,85 x 1,17). Don Gailhac-Boyard 1962.

32 *L'Impartial de Boulogne-sur-Mer,* 10 janvier 1880, reprenant une information du *Courrier du Pas-de-Calais* du 8 janvier 1880.

33 *Les Communiantes.* H/T. (1,22 x 1,83). S.B.G. Jules Breton. 1884. Museum and Art gallery. Perth. Grande-Bretagne.

34 Voir sur le sujet : A. Bourrut-Lacouture. *Les communiantes de Jules Breton.* Bulletin de la société de l'Histoire de l'Art français. 1983.

35 Jean Laran. *Estampes et Dessins de Corot.* Paris. Bibliothèque Nationale. 1931.

36 *La Supérieure du couvent des Annonciades de Boulogne-sur-Mer.* H/B. (0,36 × 0,23). C. 1850-1855. Musée du Louvre. Sur Adolphe Desbrochers père et Adolphe Desbrochers fils, voir le Service de Documentation du Louvre et V. Doiteau : « *Equihen, fille sauvage de la mer, amante des artistes* » in *Revue de Boulogne et de la Région.* n° 268. 1960.

37 J. Laran op. cit.

38 *Matinée, Danse et Nymphes.* C. 1850. Musée du Louvre. *La Toilette.* 1859. Coll. part.

39 Sur la question « Manet et l'impressionnisme » voir l'article de C.S. Moffet in *Manet. Catalogue de l'exposition.* Paris 1983. p. 29 et suiv.

40 Références du catalogue Rouart-Wildenstein. 1975. Voir infra. Biographie.

41 Antoine Guillemet (1842-1918), élève de Corot, exposa au Salon dès 1865. On lui doit des paysages à Equihen. (Salons de 1909 et 1910). Il a facilité l'accès au Salon de peintres comme Manet alors fort contesté.

42 A. de Leiris in Gazette des Beaux-Arts, op. cit.

43 Tabarant. op. cit. p. 191.

44 Voir la liste des œuvres et leur localisation.

45 Lettre de Manet à Zola in *Manet.* 1983. p. 524.

46 In A. Proust. op. cit. p. 90.

47 J. Rewald. *Histoire de l'impressionnisme.* 1976. T. 1 p. 280.

48 B. Dorival. in *Histoire de l'art.* T. 4. Gallimard 1969. p. 162.

49 Baudelaire. *Le peintre de la vie moderne.* § IV. La Modernité. in Baudelaire. *Œuvres.* Gallimard. 1961.

50 A. Proust citant Manet in *Souvenirs* op. cit. p. 80.

51 *La Plage.* H/B. (0,223 x 0,345). S.B.G. Karl Daubigny. (circa 1885). Doullens. Musée Lombart. *La baie d'Etaples (Picardie) marée basse.* H/T. (0,87 x 1,62). S.B.G. 1885. Musée Lombart. Doullens.

52 *Cour de la Maison d'Equihen.* Pastel. (0,38 x 0,46) S.B.G. Boulogne-sur-Mer. Musée des Beaux-Arts.

53 *Madame Leclercq dans la salle à manger d'Equihen.* Pastel. (0,46 x 0,38) Boulogne-sur-Mer. Musée des Beaux-Arts.

54 *Le Pain Quotidien* ou *Le Bénédicité.* H/T. (1,225 x 1,93) Boulogne-sur-Mer. Musée des Beaux-Arts.

55 *La Communiante d'Equihen.* Pastel. (0,39 x 0,32). *Portrait d'une communiante.* Pastel. (0,54 x 0,40). Boulogne-sur-Mer. Musée des Beaux-Arts.

56 *La Lecture de la Bible.* H/T. (0,30 x 0,61) S.B.D. Boulogne-sur-Mer. Musée des Beaux-Arts.

57 *Etude pour le Portrait Blanc.* Pastel. Donation en usufruit de Mademoiselle Leclercq au musée de Boulogne-sur-Mer.

58 *Etude pour La Maternité.* Pastel. (0,38 x 0,46) S.B.G.

59 Whistler. *Portrait de ma mère.* Paris. Musée d'Orsay.

60 Lecoq de Boisbaudran : *L'Education de la mémoire pittoresque et la formation de l'artiste.* Paris. Laurens. s.d. p. 44.

61 *Le Chantier.* H/T. (0,75 x 1,22) S.B.G. The Cleveland Museum of Art. Ohio, U.S.A. Le tableau exécuté dans la technique de la peinture à la cire — une pratique vieille de la Renaissance — montre Cazin curieux des techniques d'atelier et de l'aspect artisanal du métier. Son travail de céramiste, discipline dans laquelle son épouse et son fils s'exprimèrent également, le prouve.

62 In. L. Benedite. op. cit.

63 *Tobie.* H/T (1,83 x 1,42) Lille. Musée des Beaux-Arts. *Agar et Ismael.* H/T. (2,52 x 2,02) Tours. Musée des Beaux-Arts.

64 *Ulysse après le Naufrage.* C. 1890-92. H/T. (0,73 x 0,59). Londres. Tate Gallery.

65 L. de Fourcaud in S. Rocheblave : *L. de Fourcaud.* Paris. Les Belles-Lettres. 1926.

66 *La Nuit Claire.* H/T. (0,67 x 0,53). S.B.D. Cazin 1886. Boulogne-sur-Mer. Musée des Beaux-Arts.

67 *Vue du Chemin de Neufchatel.* H/T. (0,73 x 0,90). S.B.G. 1897. Tours. Musée des Beaux-Arts.

68 *Le Dégel.* H/T. (0,82 x 1) S.B.D. Tours. Musée des Beaux-Arts.

69 1869. Paris. Musée d'Orsay.

70 Londres. Tate Gallery.

71 *Moulin à vent* ; nocturne. H/B. (1,04 x 0,55) Calais. Musée des Beaux-Arts.

72 E. Boudin. Lettre du 16 juin 1882. in G. Jean-Aubry. op. cit.

73 Le Sidaner. *Lettre à Edouard Champion.* 12 juillet 1937. Archives de la Société Académique du Touquet.
Voir aussi le journal *Paris-Plage.* 2 août 1903.

74 Eanger Irving Couse, peintre américain.

75 Lettre de Mme Couse. 10 juin 1893. Archives Couse. Lettre communiquée par M. Fernand Holuigue.

76 M. Holuigue a dénombré plus de deux cents artistes ayant travaillé à Etaples et dans les environs.

77 Collection particulière. Etaples.

78 Lettre de Mme Couse. 10 juin 1893.

79 Id. 20 juillet 1893.

80 Id. 29 juillet 1893.

81 C.T. MacChesney in *International Studio* n° 123. nov. 1914.

82 In *l'Express du Touquet-Paris-Plage.* 8 décembre 1928.

83 *Vieux calvaire d'Etaples.* H/T. (1,30 x 1,30). Coll. part. Le Touquet.

84 *Echouage par gros temps.* H/T. (4 x 6.90) Amiens. Musée de Picardie.

85 *Pêcheuse de crevettes.* H/T. (0,68 x 0,79) Musée du Touquet.

86 *Baie de Canche, marée haute.* H/B. (0,23 x 0,32). Commerce d'art ; Le Touquet.

87 *La maison au bord de l'eau.* H/T. Musée du Touquet.

88 B. Dorival. *Histoire de l'Art.* Gallimard. 1969. T.IV p. 319.

89 *Camiers.* H/T. (0,24 x 0,41). S.B.D. Août 92. A mon ami Le Sidaner. Musée du Touquet.

90 *Camiers la nuit.* Pastel. (0,60 x 0,42) signé 1892. coll. part. Le Rayol. Var.

91 *Les Moulins de Montreuil.* H/T. (0,74 x 1) S.B.G. Thaulow 92. Coll. part. Le Rayol. Var.

92 *Montreuil la Nuit.* Pastel. signé et daté 1er août 1893. A mon cher ami Pierre Colle Coll. part. Lille.

93 Débordant un peu le cadre géographique du littoral, Thaulow a peint également en Pas-de-Calais : *Marais de Frévent.* H/T. (0,60 x 0,80) 1902. Exposition Thaulow. New York. 1985 n° 27. *Maison sous la neige à Maresquel.* H/T. Coll. part. Le Rayol. Var.

94 Jules Adler. 1865-1952. *Matelote d'Etaples. (gros temps au large). Etude pour L'Attente.* Exposition Le Touquet. 1914. n° 1 *Gros Temps au Large, Matelotes d'Etaples* H/T (2,105 x 1,965) S.B.D. Etaples 1913. Paris. Musée du Petit Palais.

95 E.I. Couse. *Femme et son enfant près de la Canche.* H/T. (0,65 x 0,81) Coll. Couse. Tucson. U.S.A.

96 Gaston Balande. *Les Bateaux.* Exposition Le Touquet. 1913. n° 13. repro.

97 *Le retour de la pêche à Etaples.* H/T. S.B.D. Salon de 1912. Voir aussi au Musée de Dunkerque : *L'arrivée au quai à Etaples.* H/T. (1,87 x 2,745). S.B.G. et daté 1911.

98 *La bénédiction de la Mer.* H/T. (0,29 x 0,45). 1891. Coll. part. Paris. Esquisse pour le tableau conservé au musée de Chalons-sur-Marne.

99 *La Communion in extremis.* H/T. (1,13 x 1,48). 1889 Douai. Musée de la Chartreuse.

100 E.I. Couse. *La Toussaint à Enocq.* H/T. (1,27 x 1,52) Coll. Couse. Tucson. U.S.A.

101 Jules Wengel. *Les Anges de la Première communion.* H/T. (1,03 x 1,43). Montreuil-sur-Mer. Musée municipal.

102 Le *Journal de Montreuil-sur-Mer.* 19 mai 1897.

103 H.O. Tanner. *La Fuite de Paul.* Exposition Le Touquet. 1904. n° 81. *Après la Trahison (Pierre).* id. n° 82.

104 Marie Duhem. *Portrait de Le Sidaner.* H/T. (0,34 x 0,25) Dunkerque. Musée des Beaux-Arts.
Paul Graf. *Portrait de Le Sidaner.* H/T. (0,56 x 0,38). « Au Cher Vieux Le Sidaner. Paul Graf ». 1891. Musée Municipal. Le Touquet. Voir aussi de ce dernier *Les demoiselles Guyot au jardin.* H/T. (0,60 × 0,70). 1889. Coll. part.

105 E.I. Couse *Maternité.* H/T. (1,27 x 1,55). Coll. Couse. Tucson U.S.A.

106 E. Lévèque. *Paris-Plage Le Touquet.* 1904. p.171.

107 *La Plage.* (1,91 x 3,50) Arras. Musée des Beaux-Arts.

108 *Dans l'air pur.* H/T. (0,67 x 0,83). Paris. Musée du Petit Palais.

109 Adrien Demont. *Souvenances*. op. cit. p. 317.

110 A. Demont. id. p. 316.

111 On excepte le voyage en Afrique du Nord au printemps de 1895 à Biskra et Tunis à la suite duquel Virginie Demont peint *Agar et Ismaël*. H/T (1,50 x 2). Boulogne-sur-Mer. Musée des Beaux-Arts.

112 Salon de 1896. Localisation inconnue.

113 Salon de 1899. Au musée d'Arras, une esquisse (?) sur le même sujet (0,25 x 0,32).

114 Cf. note 107.

115 *Tête d'Enfant*. H/T. (0,425 x 0,515) signé et daté 1893. Etude pour *Jean Bart*, tableau disparu. Coll. part. Wissant.

116 *Après le bain*. H/T. (0,47 x 0,27) S.B.G. Etude pour *Femme de pêcheur venant de baigner ses enfants*. Salon de 1881 n° 675.

117 *Les Tourmentés*. H/T. (1,34 x 2,05) Lille. Musée des Beaux-Arts.

118 *Camp de César à Wissant, la Nuit*. H/T. (0,55 x 0,74) S.B.D. Adrien Demont. Coll. part. Wissant.

119 *Les Danaïdes*. H/T. (1,82 x 2,35). Amiens. Musée de Picardie.

120 *Le Mont Couple près Wissant*. H/T. (0,33 x 0,60) S.B.G. Coll. part. Wissant.

121 Un bon exemple : *Les moulières*. H/T. (1,07 x 1,57). Boulogne-sur-Mer. Musée des Beaux-Arts.

122 *La Laitière*. H/C. (0,24 x 0,31). Cambrai. Coll. part.

123 *Les meules*. H/C. (0,24 × 0,31). Cambrai. Coll. part.

124 Une étude bien documentée est celle de Jean Bridenne. *Berck à travers les peintres 1860-1914 ou l'école du naturalisme marin*. Thèse de 3ᵉ cycle. Paris. 1987.

125 *La femme aux épaves*. H/T. (2,30 x 1,84). S.B.D. 1880. Boulogne-sur-Mer. Musée des Beaux-Arts.

126 Tattegrain. *Autoportrait*. H/T. (0,36 x 0,29). *Tiot Frère Nanane*. H/T. (0,61 x 0,50). 1908.

127 A. Demont. *Souvenances* op. cit. p. 318.

128 *Curé chasseur*. H/T. (0,46 x 0,38). 1906. Boulogne-sur-Mer. Musée des Beaux-Arts.
Vue de la dune de St-Frieux. H/T. (0,38 x 0,78) C. 1892. Boulogne-sur-Mer. Musée des Beaux-Arts.

129 *L'entonnoir*. H/T. Berck. Musée Municipal.

130 *Pélerinage à St Josse-sur-Mer*. H/B. (0,098 x 0,138). Berck. Musée Municipal. Il existe cinq petites huiles sur bois, sur le sujet, au musée.

131 *Route de Berck vers Etaples*. H/B. (0,088 x 0,138). Berck.

132 *Paysage à Etaples*. H/T. (0,74 x 0,92). non daté. S.B.D. Paris. Galerie Schmit.

133 *Le port de Gravelines*. H/T. (0,655 x 0,985). Paris. Musée d'Art Moderne. En dépot au musée de Calais.

134 Marquet. *Voyages*. Texte de Marcelle Marquet. Lausanne. 1968.

135 Marquet est de retour d'un voyage en Espagne.

136 *Port de Boulogne* H/T. (0,65 x 0,82). Saint-Tropez. Musée de l'Annonciade.

137 *Boulogne-sur-Mer*. H/T. (0,32 x 0,40). Coll. part. Lausanne. reproduit in Marquet. *Voyages*. op. cit.

138 *Boulogne-sur-Mer*. aqua. (0,11 x 0,13). Vente Mᵉ Loudmer. Hôtel Drouot, Paris. 29 novembre 1984.

139 Jean Cassou. *Panorama des arts plastiques*. op. cit. p. 305.

140 A.P. de Mandiargues. *Les « Ustensiles utopiques » de Jean Dubuffet* in L'Œil. avril 1966.

141 *Paysage du Pas-de-Calais I*. H/T. (1,50 x 1,95). Coll. part.
Paysage du Pas-de-Calais II. H/T. (1,62 x 2,60). Calais. Musée des Beaux-Arts.
Paysage du Pas-de-Calais III. (1,62 x 2,60) coll. part. New York.

142 *Croque Morue*. H/T. (0,69 x 1,16). Périgny-sur-Yerres. Fondation Dubuffet.

143 *Gratte Merluche*. H/T. (0,97 x 1,30). Fondation Dubuffet.

144 *Le Bariole Mariole*. H/T. (0,97 x 1,30). Paris. Coll. Jaeger.

145 *Trotte la Houle*. H/T. (0,89 x 1,16). Coll. part. U.S.A.

146 In Jean Dubuffet, *Bâtons rompus*. Editions de Minuit. Paris. 1986. p. 36.

147 *La Grande Place d'Etaples*. Gouache. (0,50 x 0,67). Paris. Musée des Arts Décoratifs.

148 *Toits et Antennes*. dessin au marker (0,21 x 0,27). Bâle. Galerie Beyeler.

149 *Faveur de la Télévision dans la Province Picarde*. H/T. (0,97 x 1,30). Paris. Coll. Joinul.

Table des illustrations

Eugène Benard (1834-1879) *La Marie-Anne, Boulogne.* 1857, dessin (0,122 × 0,178). Etaples, musée de la Marine.

Richard Parkes Bonington (1802-1828), *Scène de plage avec personnages.* Dessin. Nottingham, Castle Museum and Art Gallery, Grande-Bretagne.

Richard Parkes Bonington (1802-1828) *Marché au poisson à Boulogne,* C. 1823-1824. H./T. (0,81 × 1,22). New Haven, U.S.A. Yale Center for British Art.

Eugène Boudin (1824-1898). *La plage de Berck.* c. 1880-85. H./Panneau (0,11 × 0,20). Collection particulière.

Eugène Boudin (1824-1898). *Pêcheuses sur la plage de Berck.* 1881. H./B. (0,32 × 0,46). Collection particulière.

Eugène Boudin (1824-1898). *Etaples, la Canche,* 1886. Détail. H./T. (0,36 × 0,585). Boulogne-sur-Mer, musée municipal.

Eugène Boudin (1824-1898). *L'église d'Etaples.* 1891. H./T. (0,41 × 0,55). Collection particulière.

Jules Breton (1827-1906). *Les communiantes.* 1884. H./T. (1,21 × 1,82). Perth, Museum and Art Gallery. Grande-Bretagne.

Jean-Charles Cazin (1841-1901). *Judith.* Projet pour la Sorbonne. H./T. (1,54 × 1,84). Bormes-les-Mimosas, musée municipal.

Jean-Charles Cazin (1841-1901). *Judith.* Détail.

Jean-Charles Cazin (1841-1901). *L'orage* (Equihen, Pas-de-Calais). H./T. (0,895 × 1,665). Paris, musée du Louvre.

Eugène Chigot (1860-1923). *La pointe du Touquet, marée haute.* H./B. (0,233 × 0,325). Le Touquet, commerce d'art.

William Cooke (1811-1880). *Calais vu de la mer.* c. 1840. H./T. (0,61 × 0,92). Calais, musée des Beaux-Arts et de la Dentelle.

Camille Corot (1796-1875). *Le vallon.* c. 1850-55. H./T. (0,35 × 0,535). Paris, musée du Louvre.

Camille Corot (1796-1875). *Pêcheur près de Neufchâtel, Pas-de-Calais,* mine de plomb (0,135 × 0,22). Paris, Louvre, Cabinet des Dessins.

Eanger Irving Couse (1866-1936). *Maternité.* 1894. H./T. (1,27 × 1,55). Collection Couse, Tucson, U.S.A.

Eanger Irving Couse (1866-1936). *La Toussaint à Enocq.* 1895. H./T. (1,27 × 1,524). Collection Couse, Tucson, U.S.A.

Karl Daubigny (1846-1886), *La plage.* c. 1885. H./B. (0,22 × 0,34). Doullens, musée Lombart.

Auguste Delacroix (1809-1868). *Vue du port de Boulogne.* 1834. H./carton. (0,265 × 0,215). Boulogne-sur-Mer, musée municipal.

Auguste Delacroix (1809-1868). *Pêcheuses de crevettes.* 1840. H./T. (0,52 × 0,74). Localisation inconnue.

Virginie Demont (1859-1935). *Après le bain* (esquisse pour *La femme du pêcheur*) H./T. (0,47 × 0,27). Collection particulière.

Virginie Demont (1859-1935) *Les tourmentés* H./T. (1,34 × 2,05). Lille, musée des Beaux-Arts.

Virginie Demont (1859-1935). *La plage.* 1883. H./T. (1,90 × 3,5). Arras, musée des Beaux-Arts.

Adrien Demont (1851-1928). *Le mont Couple.* H./T. (0,33 × 0,60). Collection particulière.

Adrien Demont (1851-1928). *Ferme à Wissant.* H./T. (0,36 × 0,58). Arras, musée des Beaux-Arts.

André Derain (1880-1954). *Etaples.* H./T. (0,74 × 0,92), Paris, Galerie Schmit.

Jean Dubuffet (1901-1985). *La route d'Etaples.* 1963, H./T. (1,50 × 1,95). Paris, galerie Jeanne Bucher. C.A.D.A.G.P., Paris, 1987.

Jean Dubuffet (1901-1985). *Le Bariole Mariole.* H./T. (0,97 × 1,30). Coll. part. C.A.D.A.G.P. 1987.

Jean Dubuffet (1901-1985), *La grande place d'Etaples.* 1964. Gouache (0,50 × 0,67). Paris, musée des Arts Décoratifs. C.A.D.A.G.P. Paris 1987.

Marie Duhem (1871-1918). *Jardin de campagne*, H./T. (0,72 × 0,99). Le Touquet, musée municipal.

Louis Francia (1772-1839), *Vue de Calais avec le chenal* aqua. (0,21 × 0,29), Calais, musée des Beaux-Arts et de la Dentelle.

Paul Graf (1866-1903). *Les demoiselles Guyot au jardin.* 1889. H./T. (0,60 × 0,70). Collection particulière.

Philippe-Auguste Jeanron (1808-1877). *La morte eau à Audresselles.* 1853. H./T. (1,60 × 2,30). Douai, musée de la Chartreuse.

Louis-Antoine Leclercq (1856-1933). *Madame Leclercq dans la salle à manger d'Equihen.* Pastel (0,46 × 0,38). Boulogne-sur-Mer, musée municipal.

Louis-Napoléon Lepic (1839-1889). *Bateaux de pêcheurs rentrant à Berck.* H./T. (1,27 × 2,46), Lille, musée des Beaux-Arts.

Henri Le Sidaner (1862-1939). *Voiliers au clair de lune.* 1884. H./T. (0,32 × 0,41). Collection particulière.

Henri Le Sidaner (1862-1939). *La tasse de thé.* H./T. (0,54 × 0,60), détail. Le Touquet, musée municipal.

Edouard Manet (1832-1883). *Poissons.* 1864. H./T. (0,73 × 0,92). Chicago, Art Institute, U.S.A.

Edouard Manet (1832-1883). *Le déjeuner* (dit *dans l'atelier*). 1868. H./T. (1,18 × 1,53). Munich, Bayerische Staatgemäldesammlungen.

Edouard Manet (1832-1883). *Sur la plage de Boulogne.* 1869. H./T. (0,32 × 0,65). Avec l'aimable autorisation du Virginia Museum of Fine Arts, collection of Mr and Mrs Paul Mellon. Richmond, Virginia, U.S.A.

Edouard Manet (1832-1883). *Sur la plage.* 1873. H./T. (0,59 × 0,73). Paris, musée d'Orsay.

Albert Marquet (1875-1947). *Boulogne.* 1930. Aqua (0,11 × 0,13). Coll. part. C.A.D.A.G.P. 1987.

Albert Marquet (1875-1947) *Port de Boulogne.* 1930. H./T. (0,65 × 0,81). St-Tropez, musée de l'Annonciade. C.A.D.A.G.P. Paris 1987.

Georges Maroniez (1865-1933). *Retour des pêcheurs sur la plage de Wissant.* 1906. H./T. (1,60 × 2,40). Collection particulière.

Georges Maroniez (1865-1933). *Les meules.* H./Carton (0,24 × 0,31). Cambrai. Collection particulière.

Iso Rae (active 1880-1920). *Bal à Etaples.* Gouache. (0,26 × 0,33). Le Touquet, musée municipal.

Iso Rae (active 1880-1920). *Matelote.* Gouache. (0,30 × 0,24). Le Touquet, musée municipal.

Georges Ricard-Cordingley (1873-1939). *Tempête sur la digue de Boulogne.* Fusain (0,45 × 0,60). Collection particulière.

Charles Roussel (1861-1936). *Procession à St-Josse.* 1904. H./B. (0,08 × 0,138). Berck, musée municipal.

Francis Tattegrain (1852-1915). *La femme aux épaves.* 1880. H./T. (2,30 × 1,84). Boulogne-sur-Mer, musée municipal.

Frits Thaulow (1847-1906). *Les moulins de Montreuil-sur-Mer.* 1892. H./T. (0,74 × 1,04). Collection particulière.

William Turner (1775-1851). *La jetée de Calais avec des poissards se préparant à prendre la mer.* 1803. H./T. (1,72 × 2,42). Londres, National Gallery.

William Turner (1775-1851). *La plage de Calais à marée basse, des poissardes récoltant les appâts.* 1830. H./T. (0,73 × 1,07). Bury, Bury Art Gallery and Museum. Grande-Bretagne.

Eugène Vail (1857-1934). *Mer du Nord.* H./T. (0,69 × 0,99). Le Touquet, musée municipal.

Bibliographie

Bellier de la Chavignerie et Auvray. *Dictionnaire général des artistes de l'Ecole Française.* Paris. 1882-1885. 3 vol.

Benezit. *Dictionnaires des peintres... 8 vol. Paris. 1976.*

Bridenne J. *Berck à travers les peintres 1860-1914 ou l'école du naturalisme marin.* Thèse de 3e cycle. Paris. 1987.

Cassou Jean. *Panorama des arts plastiques contemporains.* Gallimard édit. Paris. 1960.

Catalogue. *Exigences de réalisme dans la peinture française entre 1830 et 1870.* Exposition Chartres. 1983.

Dorival Bernard. *Les étapes de la peinture française contemporaine.* Paris Gallimard. 3 vol. 1943-1946.

Dorival Bernard. Encyclopédie de la Pléiade. *Histoire de l'Art.* T. 3 et T. 4. Paris Gallimard. 1965-1969.

Focillon Henri. *La peinture au XIXe siècle. Le retour à l'antique. Du réalisme à nos jours.* 2 vol. Paris. Laurens. 1927-1928.

Lanoé G. et Brice T. *Histoire de l'école française de paysage depuis le Poussin jusqu'à Millet.* Paris. Charles. 1901.

Larousse de la peinture. Paris. Larousse. 2 vol. 1979.

Lemaître H. *Le paysage anglais à l'aquarelle (1760-1851).* Paris. Bordas. 1955.

Lévêque E. *Paris-Plage Le Touquet.* Delambre. Montreuil-sur-Mer. 1904.

Lévêque E. *Histoire de Paris-Plage et du Touquet. Souvenirs et impressions.* Delambre. Montreuil-sur-Mer. 1905.

Lévêque E. *Les disparus.* Biographies des fondateurs du Touquet-Paris-Plage. Henry. Paris-Plage. 1925.

Marcel H. *La peinture française au XIXe siècle.* Paris. Picard. 1905.

Marchal G. et Wintrebert P. *Arras et l'art au XIXe siècle.* T. XXIV des Mémoires de la Commission Départementale d'Histoire et d'Archéologie du Pas-de-Calais. Arras. 1987.

Monneret S. *L'impressionnisme et son époque.* Denoel. Paris 1978. 3 vol. tables.

Planche G. *Etudes sur l'Ecole Française.* Paris Lévy. 1855. 2 vol.

Roger-Marx C. *Le paysage français de Corot à nos jours.* Paris. Plon. 1952.

Rosenthal L. *Du romantisme au réalisme. La peinture en France de 1830 à 1848.* Paris 1914. réédition Macula Paris. 1987.

Livrets des Salons *des XIXe et XXe siècles.*

Silvestre C. *Histoire des artistes vivants.* Paris. Blanchard. s.d. (1855).

Sterling C. et Adhémar H. Musée national du Louvre. *Peinture. Ecole Française. XIXe siècle.* 4 vol. Paris. 1958/1961.

Thieme et Becker. *Allgemeines lexikon der bildenden künstler von der antike bis zur gegenwart.* 37 vol. Leipzig. 1908/1950.

Thoré T. *Salons.* Paris Renouard. 1870.

Weisberg P. *Millet and his Barbizon contemporaries.* Catalogue Exposition itinérante au Japon. Tokyo. 1985.

Table des matières